LISA WEISBROD

»FRAU WEISBROD, DEIN POPO IST ECHT ZU GROSS FÜR DEN STUHL!«

111 GRÜNDE, ERZIEHERIN ZU SEIN

Mit Illustrationen von Jana Moskito

SCHWARZKOPF & SCHWARZKOPF

Inhalt

einem Bildungsplan orientieren | Weil wir eine hohe Fachkompetenz erlernen | Weil Pädagogik auch immer Detektivarbeit ist | Weil man so viel über die eigene Sprache lernt | Weil wir viel Allgemeinwissen brauchen | Weil wir beobachten – und nicht animieren | Weil wir wichtige Entwicklungsgespräche führen | Weil wir auch harte Entwicklungsgespräche führen | Weil der Moment, in dem eine Mutter ihr Kind zum ersten Mal alleine bei uns lässt, so besonders und entscheidend ist | Weil Portfolios wirklich eine tolle Erfindung sind | Weil wir Kindern in Notsituationen helfen | Weil wir keine Hauswirtschaftskräfte sind

Weil der Job abwechslungsreich ist | Weil es manchmal auch ruhige Tage gibt | Weil auch das anstrengendste Kind nach vier Jahren wieder geht – und seine Eltern mitnimmt | Weil Lehrer und Erzieher sich inzwischen auf Augenhöhe begegnen | Weil Streiken auch eine Form von Betriebsausflug ist | Weil jede Trotzphase irgendwann zu Ende geht | Weil fast alle Menschen nett sind, sobald es um Kinder geht | Weil man seine Menschenkenntnis schult | Weil man Geduld lernen kann | Weil wir Partizipation leben | Weil das, was wir tun, eine wichtige gesellschaftliche Aufgabe ist | Weil auch Männer in der Kita gebraucht werden | Weil Wickeln gar nicht so schlimm ist | Weil wir den Raum zum dritten Erzieher machen

Weil Crocs, Birkenstock und Leggins wirklich akzeptierte Arbeitsbekleidung sind | Weil man im Sommer unter freiem Himmel arbeitet | Weil man sein Leben lang Sommerferien haben kann | Weil es an jedem zweiten Tag im Jahr Kuchen gibt | Weil man so selbst in Situationen kommt, die man sonst nie erlebt hätte | Weil wir von Beruf aus kuscheln dürfen | Weil schon viele schlaue Sachen über Erziehung gesagt wurden | Weil wir eine echte Chance auf gute Arbeitszeiten haben | Weil man sich für die eigene Elternzeit nicht recht-

fertigen muss | Weil wir schon mal Erfahrungen für die Erziehung der eigenen Kinder sammeln | Weil wir jeden Tag Feedback bekommen

Weil wir Kinderrechte leben | Weil der Moment so ergreifend ist, wenn die Erstklässler mit ihrer Schultüte an uns vorbeilaufen | Weil uns viele kleine Menschen vermissen, wenn wir mal krank sind | Weil wir so viel Liebe geben können | Weil wir so viel Liebe zurückbekommen | Weil Kinder die besten Antworten geben | Weil unser Alltag ihre Kindheit ist | Weil Weihnachten nur mit Kindern schön ist | Weil es im Kindergarten keinen Rassismus gibt | Weil es wirklich tolle und dankbare Eltern gibt | Weil wir täglich eine individuelle Entwicklung sehen

Weil wir »Vorschularbeit« leisten | Weil Kinder auf ihrem Gebiet Experten sind | Weil Kinder die schönsten Fragen stellen | Weil wir so viel von Kindern lernen können | Weil wir Kindern vorlesen dürfen | Weil wir so viel mit Kindern lernen können | Weil Kinder uns das Leben erklären – oder eben das Sterben | Weil wir manchmal auch selbst noch Kind sein dürfen | Weil Protestieren in der Kita noch funktioniert | Weil Kinder hundert Sprachen haben | Weil Kinder so schön schlafen | Weil jedes Kind das Recht auf seinen eigenen Tod hat

Weil die Ausbildung wirklich gut ist | Weil das Gehalt inzwischen gar nicht mehr so schlecht ist | Weil man neue Erzieher anleiten kann | Weil wir im Team arbeiten können – oder auch alleine | Weil man Leitung werden kann | Weil wir einen sicheren Arbeitsplatz haben | Weil es viele Möglichkeiten für Weiterbildungen gibt | Weil die Akademisierung auch nach der Ausbildung noch viele Möglichkeiten bietet | Weil es viele verschiedene Arbeitsbereiche gibt – nicht nur die Kita

Vorwort

*»Über Erziehung schreiben, heißt beinahe
über alles auf einmal zu schreiben.«*

JEAN PAUL (1763–1825)

Erziehung – das ist ein ziemlich großes, bedeutendes Wort. Einen anderen Menschen zu erziehen, das bedeutet deutlich mehr als ihm die angemessene Nutzung von »Bitte« und »Danke« beizubringen. Oder den richtigen Umgang mit Messer und Gabel.

Unzählige Definitionen versuchen den Begriff der Erziehung zu beschreiben. Erziehen, das bedeutet für mich im Endeffekt: Einfluss nehmen auf den Lebensweg eines anderen Menschen. Und somit auch auf dessen Sicht auf die Welt, auf seine Sicht auf sich selbst, auf seine Ängste, Wünsche und Hoffnungen.

Wenn wir alle in uns hineinhören und über unsere eigene Kindheit nachdenken, dann fällt doch jedem von uns ein, wer und was uns damals geprägt hat. So sehr geprägt hat, dass es bis heute noch Einfluss auf uns und unsere Handlungen hat – ob wir das wollen oder nicht.

Wichtig ist dabei natürlich auch, was wir selbst von Anfang an in uns tragen, also welche Anlagen wir schon mit auf die Welt bringen. Das hier ist nicht der richtige Rahmen, um eine Anlage-Umwelt-Diskussion loszutreten – aber ich denke, dass wir uns alle darin einig sind, dass die Begegnungen mit Menschen und die Ereignisse in unserem Leben auch einen dauerhaften Einfluss auf uns selbst haben. Und dieser Einfluss ist meistens intensiver, je jünger der jeweilige Mensch ist.

Unsere Erziehung hat also Einfluss auf den Lebensweg der Kinder, die uns anvertraut sind. Dieser Einfluss kann positiv oder negativ sein. Wir hinterlassen Spuren in der Seele eines kleinen Menschen, während wir ihn beim Wachsen begleiten. Gibt es eine wichtigere Aufgabe? Wohl kaum. Umso verwunderlicher ist es, dass die Berufsgruppe der Erzieherinnen einen so schlechten Stand in Deutschland hat.

Erziehung betrifft unzählige Bereiche. Genauso viele Bereiche und Geschichten gibt es aus der Kita zu nennen. Deswegen können auch 111 Gründe nur ein Ausschnitt sein aus dem, was wir Erzieher in unserem beruflichen Alltag leisten.

Dieses Buch ist eine bunte Mischung: Es gibt 111 lustige, herzerwärmende, traurige, nachdenkliche, informative, gemütserhitzende, fachliche und persönliche Gründe. Und natürlich sind auch alle diese Gründe beeinflusst – von all dem, was ich selbst erlebt habe, von meiner Ausbildung, meinem Studium, meinen Erfahrungen im Beruf, den Kindern und den Eltern, mit denen ich gearbeitet habe, meiner persönlichen Sicht auf die Welt und von all meinen eigenen prägenden Begegnungen mit anderen Menschen.

Die Menschheit entwickelt sich und mit ihr auch ihre Erziehungsansichten. Das meine ich sowohl im großen Ganzen als auch ganz individuell. Deswegen wäre dieses Buch wohl vor zwei Jahren ein anderes geworden, als es heute geworden ist. Und wahrscheinlich werde ich in zehn Jahren manches wieder anders sehen. Die Forschung geht weiter, bringt uns neue Erkenntnisse. Während die Zukunft uns gleichzeitig neue Aufgaben und Fragestellungen bringt, denen wir uns auch im Bezug auf die Erziehung unserer Kinder stellen müssen.

Also kann dieses Buch nur ein Stück aktuelle Wahrheit sein. Ein subjektiv gefärbter Spagat zwischen Alltagserfahrungen und Fachwissen. Ein Bericht über das Hier und Jetzt in deutschen Kindertagesstätten. Eben 111 Geschichten aus dem echten Leben einer Erzieherin.

Ich wünsche mir, dass du beim Lesen lachen und schmunzeln kannst über die wunderbare Welt der Kinder. Und dass du sehen kannst, wie Erzieher arbeiten und was sie leisten. Dafür habe ich Fachwissen in Alltagssprache gepackt. Vielleicht verändert dieses Buch den Blick einiger Menschen auf den Beruf der Erzieherin. Vielleicht trägt es ein kleines bisschen zum Umdenken in unserer Gesellschaft bei. Denn vielleicht siehst du die Erzieherin deiner Kinder danach mit anderen Augen, wenn sie mit deinem Kind »einfach nur spielt«.

Mehr kann ich mir gar nicht wünschen!

Lisa

PS: Ich schreibe aus Gründen der besseren Lesbarkeit (und weil wir hier in einem Frauenberuf sind) von der Erzieherin. Natürlich sind damit auch alle Erzieher gemeint. Alle Namen und anderen Angaben, welche auf einzelne Kinder und ihre Familien hinweisen könnten, sind verfremdet. Die Inhalte entsprechen trotzdem der vollen Wahrheit.

1. KAPITEL

KINDERMUND & QUATSCH

Weil Kinder die Welt retten können

Kinder sind noch zu klein und wissen zu wenig, um bei den wichtigen Themen dieser Welt mitreden zu können? Von wegen! Der lebende Gegenbeweis sind Kinder wie Felix Finkbeiner. Mit gerade einmal neun Jahren gründete er die Initiative »Plant for the Planet« mit dem Ziel, in jedem Land der Erde eine Million neue Bäume zu pflanzen und damit die Klimakrise auszubremsen. Die Idee dazu kam ihm, während er ein Referat über den Klimawandel vorbereitete – wohlgemerkt in der vierten Klasse.

Felix stellte seine Initiative mit zehn Jahren vor dem europäischen Parlament und mit 13 Jahren vor der UN in New York vor. Es wurden Plant-for-the-Planet-Akademien gegründet. Dort leiten Kinder Veranstaltungen, um andere Kinder dazu zu befähigen, gegen die Klimakrise aktiv zu werden. Bereits drei Jahre nach der Gründung der Initiative pflanzte man in Deutschland den millionsten Baum.

Bis heute wurden weltweit laut eigenen Angaben 14.208.892.240 Bäume gepflanzt, und über 100.000 Kinder sind weltweit für Plant-for-the-Planet aktiv. Das langfristige und bedeutende Ziel der Initiative ist es, die Energie weltweit zu 100 Prozent aus erneuerbaren Quellen zu gewinnen.

Bäume pflanzen, um unseren Planeten zu retten? Diese Idee, so logisch und selbsterklärend sie ist, wurde also von einem Kind angestoßen und nach und nach mit immer mehr Kindern erfolgreich umgesetzt. Felix Finkbeiner hat etwas geschafft, was die Erwachsenen nicht geschafft haben. Kinder haben Ideen, Talente und das Potenzial, unsere Welt zu einer besseren Welt zu machen. Oder wie bereits Astrid Lindgren es formulierte: »Wie die Welt von morgen aussehen wird, hängt in großem Maß von der Einbildungskraft jener ab, die gerade jetzt lesen lernen.«

Also los, unterstützen wir die nächste Generation bei ihren Ideen! Lasst uns die Talente, Träume und Ressourcen unserer Kinder wahrnehmen – und vor allem ernst nehmen.

Weil wir Besuch von ehemaligen Kita-Kindern bekommen

Irgendwann hat alles ein Ende. Das gilt auch für die schönste Kita-Zeit. Spätestens ab der Einschulung eines Jahrganges wissen wir Kita-Erzieher meistens nicht mehr, was aus »unseren« Kindern wird. Wie klappt es in der Schule? Fühlen sie sich wohl? Wie geht es ihnen? Was wurde aus den Kita-Freundschaften? Und was sind ihre aktuellen Interessen?

Zu gerne würde man wissen, wie das Leben der Kinder wohl weiterhin verlaufen ist. Manchmal fragt man sich dann mit Kollegen »Weißt du noch, damals, der kleine Ben aus der Indianergruppe? Hast du von der Familie noch mal etwas gehört?« und schwelgt dabei gemeinsam in Erinnerungen aus längst vergangenen Kita-Tagen. Zum Glück erfahren wir von manchen Kindern doch noch, wie es ihnen gerade geht. Denn vor allem die Grundschüler kommen uns in ihren Schulferien gerne besuchen. Dann staunen sie darüber, wie klein die Stühle und Tische in unserer Gruppe sind, und können kaum glauben, dass sie selbst vor gar nicht allzu langer Zeit noch bequem darauf sitzen konnten. Mächtig stolz zeigen sie uns dann, wie sie nun Wort für Wort die Überschriften an der Informationstafel entziffern können, und besiegen uns im Memory.

Einige Kita-Kinder sieht man in den Jahren danach noch öfter, wenn sie zusammen mit Mama oder Papa das jüngere Geschwisterkind aus der Kita abholen. So auch Leni. Leni war eines der ersten Kinder, die ich in unserer Kita betreut habe. Damals war sie gerade einmal zwei Jahre alt, heute ist sie eine stolze Zweitklässlerin. Als Zweijährige turnte sie bereits mit gestreckten Zehenspitzen durch den Gruppenraum, die kleinen Arme weit ausgestreckt bei jedem Pferdchensprung. Stolz zeigte sie uns damals ihren lilafarbenen Ariel-Turnanzug, den das Christkind ihr brachte. Ihr motorisches Talent war nicht zu übersehen. Letztens hat sie ihren ersten großen Pokal von einem Turnwettbewerb mitgebracht. Da freut sich das Erzieherherz über so viel schöne Entwicklung und das Wiedersehen.

3. GRUND

Weil Kinder (fast) immer die Wahrheit sagen

Für viele Eltern ist der Umgang mit sensiblen Daten in sozialen Medien ein großes Thema. Was darf wirklich ins Internet, und was ist zu privat? Darf man den Nachwuchs beim Essen, Spielen und Schlafen posten? Ist es okay, das eigene Kind im Bikini zu fotografieren, während es vergnügt am Strand spielt, und dieses Foto mit Freunden auf Facebook zu teilen? Oder ist das ungeeignet für die Augen der Öffentlichkeit? Das alles sind wirklich berechtigte Gedanken – aber seien wir doch realistisch, auch außerhalb des Internets gibt es große Lücken für sensible Daten. Diese sind etwa drei bis sechs Jahre alt und können noch nicht unterscheiden zwischen dem, was man erzählen darf – und dem, was Mama und Papa lieber nicht in aller Öffentlichkeit verkündet haben wollen. Wenn Eltern wüssten, was die Ohren der Erzieherinnen in der Kita alles zu hören bekommen – puh, da würden einige rot anlaufen. Aber auch was das spontane Aussprechen von Wahrheiten angeht, kennen Kinder noch keine gesellschaftlichen Grenzen. Da liegt das Herz noch auf der Zunge, und alle Sätze kommen ungefiltert heraus – wie wunderbar, ehrlich, peinlich, lustig und manchmal erschreckend!

Meine persönlichen Top 3 zu diesem Thema:

1. Die Polizei ist zu Besuch in der Kita. Gemeinsam wird mit den Vorschulkindern das richtige Verhalten im Straßenverkehr besprochen und eingeübt. Die Kinder interessieren sich für die Uniform und die Ausrüstung der Polizistin. Diese zeigt den Kindern ihre Handschellen. Luisa (4) meldet sich dabei ganz aufgeregt. Stolz sagt sie: »Ich kenne so Handschellen. Meine Mama hat die auch zu Hause. Die sind so rosa. Da kann man sich fesseln, wenn man im Bett bleiben muss.«

2. In der Kita gibt es eine ganz klare Regelung: Kranke Kinder gehören ins Bett, nicht in die Kita. Auch nicht, wenn sie unter einigen Medikamenten halbwegs fit wirken. Erst nach 24 Stunden ohne Symptome darf ein Kind die Kita wieder besuchen. Morgens bringt eine Mama ihre beiden Kinder in die Kita. Lena (5) und Paul (3) verabschieden ihre Mama, und Lena ruft ihr im Flur hinterher: »Du, Mama, darf ich jetzt wirklich nicht sagen, dass der Paul gebrochen hat heute Nacht?«

3. Mittagessen im Kinderrestaurant der Kita. Ich setze mich zu einem Kind an den Tisch, welches mir extra einen Platz neben sich frei gehalten hat. Kaum habe ich mich auf einem der kleinen Kinderstühle niedergelassen, sagt Alina neben mir: »Frau Weisbrod, dein Popo ist echt zu groß für den Stuhl!« Danke. Ich habe mir das Mittagessen dann gespart.

Einzig und alleine, wenn es darum geht, wer schon mehr Schokoladeneis hatte, wer zuerst den verbotenen Satz »Fang mich doch, du Eierloch!« gerufen hat und wer denn für das Chaos in der Bauecke verantwortlich ist, schaffen Kinder es, die Wahrheit ganz still für sich zu behalten. Und das sollten wir ihnen dann vielleicht auch gönnen – denn schließlich sind sie sonst immer ehrlich, auf eine ganz natürliche Art und Weise.

Weil Kinder die lustigsten
Komplimente machen

☺ Vor Kurzem haben wir mit den Kindern ein Musical zum Thema »Die Eiskönigin« erarbeitet und aufgeführt. Dabei trugen die Mädels alle selbst gemachte Elsa-Kostüme inklusive Tüllrock und Krone. Natürlich trugen auch wir Erzieherinnen solche Kostüme und tanzten mit den Kindern zusammen auf der Bühne. Anna (4) erzählte mir in der Woche nach der Aufführung Folgendes: »Weißt du, Frau Weisbrod, ich war ja gar nicht die richtige Elsa. Nur du warst die richtige Elsa. Weil du hast ein Kostüm UND Brüste.«

☺ Lina (5) öffnet die Tür zu meinem Gruppenraum und hält mir meinen Schal entgegen. Den hatte ich morgens beim Frühstück im Kinderrestaurant liegen gelassen. Ich fragte sie, woher sie denn überhaupt weiß, dass dies mein Schal ist. Lina antwortet: »Ich hab einfach dran gerochen, und der riecht so gut wie du.«

☺ Ella (4) begrüßt mich morgens auf dem Flur mit den Worten: »Frau Weisbrod, warum sind deine Haare so lang wie von Rapunzel?«

☺ Katrin (3) und ich schaukeln nebeneinander, bis sie als letztes Kind an diesem Nachmittag abgeholt wird. Die Reinigungskraft der Kita kehrt die Terrasse vor einem Gruppenraum, und ich spreche mit ihr über den geplanten Buchtitel dieses Buches. Ich sage: »Also heute passt der Titel irgendwie auch mal wieder, denn diese Schaukeln sind wirklich ganz schön klein. Oder mein Popo ist doch ein bisschen groß.« Da sagt Katrin: »Dein Popo ist ein bisschen groß, aber du hast lange Haare«, in einem Ton, als sei das absolut okay, Speck zu haben, solange man gleichzeitig lange Haare hat. Ich bin vor Lachen fast von der Schaukel gefallen.

Weil es so viel zu lachen gibt

In der Kita gibt es immer etwas zu lachen. Der gemeinsame Alltag ist einfach weniger ernst als unter Erwachsenen. Dafür sorgen die Kinder jeden Tag. Manchmal bewusst, manchmal eher unbewusst. Manchmal lachen wir Erzieher zwar nur noch, weil man die Situation nur mit Humor ertragen kann – meistens jedoch weil es wirklich lustig ist. In unserem Beruf entstehen ganz automatisch Situationen, die später zu unseren liebsten Anekdoten werden. Eine meiner lustigsten Erinnerungen ist folgende:

In meiner Ausbildungszeit habe ich zusammen mit einer anderen Azubine ein Sinnesangebot mit Rasierschaum für die Kinder vorbereitet. Wir haben alle Möbel im Gruppenraum an die Seite geschoben, die Teppiche aufgerollt und die Spielsachen weggeräumt. So war der ganze PVC-Boden frei und bereit für den Inhalt mehrerer Flaschen Rasierschaum. Die Kinder zogen sich in dem warmen Gruppenraum aus und genossen nur in Windeln das schöne, kribbelige Gefühl des Schaumes. Während einzelne nur vorsichtig ihre Fingerspitzen in den Schaum steckten, lagen die anderen Kinder mitten im Schaum, machten Schaum-Engel, rieben sich Arme und Beine damit ein oder schoben den Schaum vor sich zu kleinen Häufchen zusammen. Die Regel dabei war, dass die Kinder sich nur auf allen vieren durch den Raum bewegen durften. Denn der Schaum macht den Boden so rutschig, dass normales Gehen zu gefährlich wäre.

Auch wir Azubinen saßen am Rand der Schaumfläche und genossen es, die Hände in den Schaum zu schieben. Nach einiger Zeit kam uns die Idee, zu dem Rasierschaum noch blaue Farbe zu geben. Die Kinder fanden es super, mischten mit Farbe und Schaum die unterschiedlichsten Blautöne, und bald sahen alle sieben Kinder aus wie kleine Schlümpfe.

Doch plötzlich wunderten wir uns, warum der Schaum um den kleinen Lukas herum so dünn wurde. Es dauerte einen kurzen Moment, bis wir verstanden warum. Oh nein! Vertieft im Spiel hatte Lukas wohl vergessen, dass er schon seit einiger Zeit keine Windel mehr trug. Ups. Die hellblaue Schaum-Farbe-Pipi-Mischung floss in Zeitlupe auseinander, während wir panisch versuchten, die Kinder zum Wegkrabbeln zu bewegen. Leider reagieren zweijährige Kinder nicht ganz so schnell auf die Aussagen, dass da Pipi ist und sie schnell wegkrabbeln müssen, wenn da doch gleichzeitig auch noch der geliebte Schaum ist. Also alle schnell aus dem Schaum heben und im Flur absetzen. Auf allen vieren ging es dann Richtung Badezimmer und dort mit Windeln in Badewanne und Dusche. Es hat zwar ewig gedauert, bis bei all unseren Schlumpfkindern die eigentliche Hautfarbe wiederzuerkennen war und wir den Gruppenraum, den Flur und das Bad geputzt hatten, aber wir lachen noch heute über das Bild von sieben krabbelnden Schlumpfkindern und zwei erschrockenen Azubinen mittendrin.

6. GRUND

Weil die Kinder denken, dass wir in der Kita wohnen und nichts arbeiten

Jede Erzieherin kennt das. Man betreut ein Kind, welches im Kita-Alltag total offen und gesprächig ist. Man verbringt jeden Tag mehrere Stunden zusammen, hat eine Beziehung zueinander, das Kind vertraut einem, man spielt viel zusammen.

Dann trifft man die Familie am Wochenende beim Einkaufen, und das Kind sitzt stumm, mit großen Rehaugen im Einkaufswagen. Während die dazugehörige Mama ganz freudig ruft: »Schau mal, da ist ja die Frau Weisbrod, sag doch mal Hallo!«, rührt sich das Kind keinen Zentimeter, und quer über sein Gesicht ist Folgendes zu lesen:

☺ Wer ist diese Frau?
☺ Ehrlich, wer ist das?
☺ Sollte ich die kennen?
☺ Ah, das ist meine Erzieherin.
☺ Und was macht die hier?
☺ Erzieher wohnen doch im Kindergarten.
☺ Warum darf die raus aus dem Kindergarten?
☺ Nö, außerhalb vom Kindergarten kenne ich die nicht.
☺ Ich sag jetzt mal gar nichts.
☺ Komm mir nicht zu nah.
☺ Ich verstecke mich mal lieber hinter meiner Mama.
☺ Erzieher im Supermarkt? Ernsthaft?
☺ Das ist mir nicht geheuer!
☺ Sprich mich bloß nicht an.

Zwei Tage später in der Kita: Das gleiche Kind ruft »Hallooo Frau Weisbrod« und rennt auf mich zu, während ich zur Tür hereinkomme, um mir dann um die Beine zu fallen und mich festzuhalten.

Kinder verknüpfen ihre Erzieher eben ganz eng mit ihrer Kita und der dazugehörigen Gruppe. Wenn sie mitbekommen, dass man Feierabend hat und sich anzieht, um zu gehen, sind sie häufig ganz verwirrt darüber, dass man nach Hause geht. »Aber hier ist doch dein Zuhause?«, fragen sie dann verblüfft. Dass wir hier nur arbeiten, das können sie sich nicht vorstellen. In ihrer Kinderlogik macht das einfach keinen Sinn, dass jemand im Kindergarten arbeitet. Schließlich kommen hier doch alle zum Spielen her, weil die Erwachsenen woanders arbeiten gehen müssen. Einige Kinder wollen auch gerne mal in der Kita übernachten – bei uns Erziehern. Denn wenn wir in der Kita wohnen, dann sind wir ja natürlich auch nachts noch hier. Klar, oder?

Weil Kinder »genau wissen«, was Erzieher arbeiten

☺ »Die gucken, wann die Kinder kommen. Dann können die mit den Kindern spielen. Das ist schwierig. Wenn die kleinen Kinder nicht hören. Und den Kleinen, wo noch neu sind, denen müssen sie noch alles fertig erklären.«

☺ »Die kümmern sich um die Kinder. Die passen auf die Kinder auf. Dann hauen die Kinder nicht ab. Die Erzieher bringen die Kinder ins Bett. Die Erzieher schimpfen, wenn die Kinder sich schlagen oder abhauen, wie ich.«

☺ »Die basteln. Oder die haben ein Fernrohr dabei. Und dann gucken die immer in das Fernrohr.«

☺ »Die turnen und basteln und spielen. Und die machen Sitzkreis. Die essen mit uns draußen im Bistro. Die sind lieb.«

☺ »Sie arbeiten für die Kinder. Sie schreiben was, sie nehmen sie auf den Schoß, sie umarmen sie.«

☺ »Sie gehen raus mit den Kindern. Dann gehen sie wieder rein. Warm essen gehen. Und sie wollen noch mit den Kindern, die noch klein sind, schlafen gehen. Die wollen auch mit der Schippe buddeln und bauen.«

☺ »Wenn einer Sand auf jemanden wirft, muss man es den Erziehern sagen. Und wenn welche Mädchenfangen spielen und man das gar nicht will, muss man es auch einer Erzieherin sagen.«

☺ »Erzieher arbeiten im Kindergarten. Die gucken zu, was die Kinder machen. Die schreiben. Und die machen immer nur Quatsch.«

Weil Frauenfußball
nur in der Kita lustig ist

Okay, ich muss es direkt zugeben: ich habe wirklich kein privates Interesse an Fußball. Ehrlich gesagt nicht einmal Verständnis. Die Erklärung für Abseits kann ich mir nur folgendermaßen merken: Eine Frau steht beim Shoppen bereits direkt vor der Kasse. Ihre Freundin wirft ihr von weiter weg ein Oberteil zu, damit sie dieses mit bezahlt. Klingt wirklich etwas ungerecht, finde ich. Das ist dann also Abseits. (Kleine Anmerkung: Verzeiht mir diese Erfüllung des Frauenklischees – dafür kann ich besser mit Bohrmaschine und Hammer umgehen als einige Herren der Schöpfung. Und das gerne auch in der Kita.)

Immer wenn ich sehe, wie 22 Menschen einem Ball hinterherlaufen, würde ich am liebsten jedem der Spieler einen eigenen Ball geben, damit sie sich nicht mehr streiten müssen. Aber wenn die Kita-Kinder während der WM im Fußballfieber sind, dann muss man als Erzieherin eben mitziehen. So kam der Tag, an dem ich eine Kollegin in ihrem Fußballprojekt unterstützen musste, äh durfte. Nach dem gemeinsamen Aufwärmen bildeten die Kinder zwei Mannschaften. Wir steckten das Spielfeld ab, und schon ging es los.

Jeder, der schon einmal im Verein ein Spiel der Bambini sehen durfte, wird das Leid kennen: Rennen, Brüllen, Ball im Aus. Rennen, Brüllen, über den Ball stolpern, fallen, jammern. Rennen, Brüllen, Ball erneut im Aus. Mitten in diesem Chaos schlenderten unsere beiden Spielerinnen Juliane und Lena Hand in Hand über das Spielfeld. Das Spiel interessierte sie heute herzlich wenig, im Gegensatz zu den letzten Tagen. Sie fanden das Rennen heute zu anstrengend. Da half auch keiner unserer Motivationsversuche mehr. Als der Ball doch zufällig in die Richtung der beiden flog, hoffte ich kurzzeitig darauf, dass sie nun wieder aktiver mitspielen würden. Doch die

Mädchen schafften es, dem Ball elegant auszuweichen. Auch die komplette Kindermeute, welche dem Ball hinterherstürmte, ignorierten sie problemlos. Unbeeindruckt von dem Geschehen um sie herum, liefen sie im Hüpferlauf wie zwei kleine Ponys an den Spielfeldrand zu mir – noch immer Hand in Hand. Ganz aufgeregt sagte Juliane zu mir: »Schau mal, Frau Weisbrod, schau mal, ich hab neue Ohrringe.« Was soll man dazu sagen? Innerlich hätte ich ihr gerne ein High Five angeboten.

9. GRUND

Weil Kinder zum Schreien komisch sind

Das Leben mit Kindern, ungefiltert und echt, macht jeden Arbeitstag viel lustiger:

☺ Ein Kind bringt nach Weihnachten eine Packung Lebkuchen mit in die Kita, um sie einer Erzieherin zu schenken. Später bietet die Erzieherin dem Kind etwas von den Lebkuchen an. Das Kind antwortet: »Die kann ich nicht mehr essen, die sind doch schon viel zu alt.«

☺ Julia: »Wir haben zu Hause nicht nur ein Klo. Wir haben sogar zwei Klöße.«

☺ Zwei Jungs spielen zusammen Fußball und schießen sich den Ball immer hin und her. Als ein dritter Junge fragt, ob er mitspielen darf, bekommt er als Antwort zu hören: »Das geht nicht, wir spielen nämlich im Gradeck, nicht im Dreieck.«

☺ Die Erzieherin fragt ein Kind: »Isst du deinen Apfel mit oder ohne Schale?« Das Kind antwortet: »Neeeee, mit ohne dann!«

☺ »Du, Frau Müller, in Afrika gibt es eine Krankheit, die heißt Fußballfieber. Das haben die im Fernsehen gesagt.«

☺ Ein Junge schneidet viele kleine Wollfäden zurecht. Die Erzieherin fragt ihn, warum er das tut. Er sagt: »Na, für die Armen in Afrika. Weißt du, die haben ja nichts für Kleider zu machen.«

☺ Leon beim Aufräumen in der Bauecke: »Oh Mann, ich schwitz jo wie gekocht!«

☺ Luisa hört, wie sich zwei Erzieherinnen über Ergotherapie unterhalten. Sie sagt: »Ich hab auch mal Ärgertherapie gehabt.«

☺ Romy: »Frau Schneider, im Turnraum ist eine Spinne, und die steht uns im Weg.«

☺ Laura: »Der Trauerschwan heißt Trauerschwan, weil er traurig ist – dem seine Mama ist gerade einkaufen gefliegt.«

☺ Tom erzählt von einem Ausflug am Wochenende: »Wir waren auf einer Burg. Die Ritter sind aber alle schon gestorben – nur der an der Kasse lebt noch.«

☺ Amelie zu Lena beim Rollenspiel in der Puppenecke: »Du bist dreizehn. Ich bin zwanzehn.«

☺ Paul läuft beim Spielen im Sitzkreis im Kreis umher und sagt: »Ich hab's am Kreislauf.«

☺ Celina fragt ihre Freundin am Maltisch: »Hast du vierzig oder nullzig Blätter?«

☺ Nachdem Ben ein paar Tage im Urlaub war, begrüßt sein Freund Robin ihn aufgeregt auf dem Flur: »Ben, wo warst du denn all die Jahre?«

☺ Tim spielt mit kleinen Bällen in der Bewegungsbaustelle und ruft laut: »Schaut mal, ich kann schon balzerieren!« (jonglieren)

☺ Stella berichtet einem anderen Mädchen am Maltisch: »Meine Schwester hat jetzt schon Gehirn!« Nickend fügt sie hinzu »Sie hat bis nachts gelernt.«

☺ Kurz vor unserem Sommerfest bemalen wir mit den Kindern T-Shirts. In dieser Zeit entdecke ich, dass ein Kind einen Stuhl anmalt. Ich erkläre ihm, dass man hier in der Kita keine Stühle anmalen darf, genauso wie zu Hause auch. Da kommt der vierjährige Felix und sagt: »Ach so, aber T-Shirts darf man hier anmalen oder was?«

☺ Simon am Tag nach seinem Geburtstag: »Frau Weisbrod, hab ich heute denn nicht mehr Geburtstag?«

☺ Julian will seine Banane nicht mehr aufessen. Die Erzieherin sagt ihm, dass die Banane dann weggeworfen werden muss, weil er keine Dose dabeihat. Julian tröstet die Erzieherin: »Keine Angst, meine Mama hat noch ganz viele Bananen zu Hause.«

☺ Laura: »Wenn mein Papa von der Arbeit kommt, dann hockt der immer stundenlang aufm Klo!«

☺ Lasse nimmt seine Gummistiefel aus der Garderobe und sagt: »Ich sie brauch, ich sie hab, ich sie muss.«

☺ Luisa sieht eine Dose mit Smarties und fragt: »Was ist das? Sant Martis?«

☺ Katrin stürzt im Außengelände und blutet an einer ganz kleinen Stelle auf der linken Handfläche. Nachdem sie ein Pflaster bekommen hat, läuft sie in der nächsten Stunde immer mit der linken Hand in die Luft gestreckt umher. Dabei erklärt sie allen anderen Kindern weinerlich: »Jetzt habe ich nur noch eine Hand!«

☺ Die Vorschulkinder sind zu Besuch bei der Polizei. Nach der Begrüßung fragt der Polizist, ob die Kinder Fragen an ihn haben. Sina fragt ihn laut: »Warum bist du denn so dick?«

☺ Schon wieder Sina, dieses Mal jedoch zu Besuch bei der Feuerwehr: Der Feuerwehrmann erklärt uns die verschiedenen Feuerwehrautos, die in der Halle stehen. Danach fragt er, ob die Kinder noch etwas wissen wollen. Sina fragt: »Bist du hier eigentlich der Chef?« Der Feuerwehrmann verneint das. Sina fragt erneut nach: »Wer ist denn hier der echte Chef? Können wir dann mal den richtigen Chef hier sprechen?«

☺ Eine Mama holt ihren dreijährigen Sohn von der Kita ab. Im Auto brüllt er plötzlich von hinten: »Oh Gott Mama, ich werde erwachsen! Ich werde erwachsen!« Die Mama fragt ihn, wie er denn jetzt darauf kommt. Der Sohn antwortet noch immer total erschrocken: »Guck doch, ich bekomme Haare an den Beinen!«

🙂 »Ich habe im Fernsehen schon mal Kamele und Afrikaner gesehen. Die Kamele sind Pflanzen-Kaktus-Fresser und haben einen Hocker zum Hinsetzen, damit man keinen Sattel holen braucht.«

🙂 Frühstück in der Kita. Laura: »Ich hab heute keinen Hunger. Ich hab gestern Abend zu viel gefrühstückt.«

🙂 Tanja, 6 Jahre, erzählt mir: »Ich kann ganz streng sein mit meinem Papa. Mit den Augen.« Dabei schaut sie mich tadelnder an, als jede gemeine Lehrerin das je getan hat. Und was sagt der Papa dann zu dir? »Oer, die Augen ey! Das sind die zickigen Augen.« Tanja grinst. »Cool, gell?«

🙂 Tom, 5 Jahre: »Ich musste auch schon mal in die Notaufnahme. Ich habe mir beim Schlafen ein Ritterschwert ins Auge gerammt.«

🙂 Leon und Robin unterhalten sich. Leon erzählt: »Ich habe meinem Papa schon mal auf den Schuh gepinkelt.« Robin will noch einen draufsetzen und sagt: »Ich habe meinem Papa schon mal mit dem Hammer auf seinen Fuß gehauen. Und überallhin gehauen.« Leon fragt ganz erstaunt: »Auch auf dem seinen Fritz?«

🙂 »Da ist eine Müllhaltestelle. Da fährt der Müll mit dem Bus hin.«

🙂 »Die Feuerwehr ist stärker wie die Polizei. Weil Feuerwehrmänner können die Polizei nass spritzen.«

🙂 Wir laufen mit den Kindern einen langen Berg hoch. Oben angekommen, ruft Leo: »Boah, jetzt sind meine Beine fit. Jetzt kann ich endlich in die Berge fahren.«

🙂 Wir laufen bei einem Ausflug an einer toten Ratte vorbei. Auf dem Rückweg zur Kita ist die Ratte weg. Jan fragt: »Ist die Ratte jetzt schon im Himmel?«

🙂 Nach einer Hochzeit erzählt ein Kind: »Die haben die Luftballons in die Luft rein gehalten, und dann haben die geflogen. Die hat ein tolles Kleid. Bis auf den Boden. Das hat die Blumen aufgesaugt. Die haben Ringe ausgesucht und sich geküsst. Bäh!«

☺ Ein Junge zu seinem Freund:»Und jetzt hast du gefurzt. Nur im Spiel. Los, furz mal!«

☺ Tanja:»Weihnachten feiern wir, weil es bis zu meinem Geburtstag noch dauert. Da kann man Geschenke auspacken und die Kerzen auspusten.«

☺ Sebastian, 2 Jahre alt, erzählt mir von einem großen Klettergerüst, das sein Papa im Garten aufgebaut hat. Ganz traurig berichtet er, dass er selbst aber nicht darauf klettern darf, sondern nur der Papa. Wie sich später rausstellte, sprach er von einem Baugerüst.

10. GRUND

Weil Kinder die schönsten Lebensweisheiten kennen

☺ »Man wird erwachsen, wenn man ganz groß ist. So groß wie du. Ab 14 ist man erwachsen. Ab 18 darf man Auto fahren. Dann wird man immer älter. Und dann wird man eine Oma. Meine Mama wird schon bald eine Oma. Papas werden aber nur 40.«

☺ Anastasia zeigt mir russisches Gebäck, welches sie von zu Hause mitgebracht hat. Ich frage sie, ob das süß oder herzhaft ist. Anastasia schaut mich verwirrt an. Ihre Freundin Anna sagt:»Anastasia, weißt du, was herzhaft heißt? Das ist so, wenn man so ein großes liebes Herz hat für andere Menschen. Das ist so … also ich kann das jetzt nicht so gut erklären. Aber das ist so was mit Liebe.«

☺ »Familie ist, dass man alle zusammen ist. Mit Mama und Papa und Geschwistern. Das ist wichtig, weil wenn man eins verliert, dann hat man nur noch eine Zweitfamilie. Mama und

Papa können doch einfach zusammenleben. Einfach mit Luft und Sonne.«

☺ Was ist wichtig im Leben? »Die Luft. Dass alle Menschen im Leben bleiben mit dem Herz. Deswegen dürfen wir keine Menschen oder Rehe töten. Dass man glücklich ist und eine Familie hat. Dass wir lesen und schreiben können und 1er haben.«

☺ »Verliebt sein ist cool, schön und manchmal romantisch. Wenn man verliebt ist, dann heiratet man und küsst sich. Wenn man jemanden liebt, hört man nie auf. Wie mein Papa und meine Mama. Und wie du und Sebastian. Ich dachte, dein Mann ist Mark Forster. Der sieht so aus. Den kann man gut lieb haben.«

2

BILDUNG

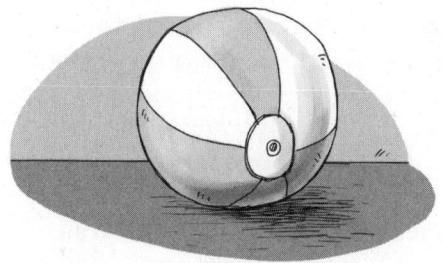

Weil wir mit Kindern Mathematik entdecken

Mathematik im Kindergarten? Woran musst du denken, wenn du das liest? An dein eigenes Zusammentreffen mit Mathematik in der Schule? Oder klingt das für dich alles nach übertriebener Pädagogik, so als würde man ein Thema der Schule schon in die Kita-Zeit vorziehen?

Keine Angst, Mathematik in der Kita funktioniert anders. Wir finden sie in vielen verschiedenen Situationen in unserem Alltag:

☺ Tanja, 4 Jahre, möchte gerne in den Turnraum. Das darf sie bei uns auch ohne Erzieherin. Die Regel ist dann allerdings, dass aus allen Gruppen insgesamt nur fünf Kinder in den Raum dürfen. Um rauszufinden, ob sie jetzt turnen gehen kann, schicke ich sie in den Turnraum, um nachzusehen, wie viele Kinder bereits drin sind. Freudig kommt sie zurück und ruft: »Frau Weisbrod, es sind erst drei Kinder im Turnraum. Darf ich mit der Lea auch noch zum Turnen gehen? Dann sind wir fünf.«

☺ Beim gemeinsamen Tischdecken holen die Kinder ausreichend Gabeln und Messer, bis jeder Teller auch ein vollständiges Besteckset hat.

☺ Wir bauen eine große Ritterburg aus Legos und zählen die Noppen der Sorte, die wir für den hohen Burgturm noch ganz oft brauchen. Die Kleinen, mit den vier Noppen. Alle Kinder suchen gemeinsam fleißig in der großen Kiste nach den 4er-Steinen, um die Burg fertig zu bauen. Dabei helfen sie sich gegenseitig: »Ich hab noch einen!« – »Nein, schau mal, das sind 1 2 3 4 5 6 Noppen, der ist zu groß, wir brauchen die Kleinen.«

☺ Beim Bau von Treppen bemerken wir dass jede Stufe immer aus einem Legostein mehr bestehen muss als die vorherige Stufe. Nur so haben die Stufen immer den gleichen Abstand zueinander.

Also nein, es gibt keinen Mathematikunterricht in der Kita. Bildung läuft bei uns nicht im 45-Minuten-Takt ab. Und erst recht nicht als Frontalunterricht. Mathematik findet man bei uns so wie alle anderen Bildungsbereiche, überall in der Alltagswelt der Kinder. Man muss die Mathematik nur wahrnehmen und beachten. Und man muss sie für die Kinder ganzheitlich erlebbar machen. Lernen hat in der Kita immer etwas mit Staunen, Anfassen, Fühlen, Ausprobieren und Experimentieren zu tun.

Einfach nur die Zahlenreihe aufsagen können, bedeutet nicht, dass das Kind auch schon eine Vorstellung davon hat, welche Bedeutung hinter den einzelnen Zahlwörtern steht. Es hat also wenig Sinn, Kindern beizubringen, die Zahlen in der richtigen Reihenfolge aufsagen zu können. Stattdessen müssen Kinder im Alltag mit allen Sinnen erleben können, für was Zahlen da sind. Dass man mit ihnen zum Beispiel eine Menge / Anzahl benennen kann. Im Stuhlkreis zählen wir, wie viele Kinder heute da sind. Wie viele davon sind Mädchen, und wie viele sind Jungs? Und wie viele Kinder fehlen heute? Das macht den Kindern Spaß. Im Freispiel stellen sie einen Sitzkreis nach, holen sich Block und Stift (wie die Erzieher) und notieren, wie viele Kinder heute anwesend sind.

Im Außengelände fragen wir uns gemeinsam, ob der Leon zwei Schippen haben darf, wenn Paul noch gar keine Schippe hat. Könnte man das gerechter aufteilen? Und wer findet auf der Wiese zuerst ein vierblättriges Kleeblatt?

Oder wir erleben, dass Zahlen eine Reihenfolge ausdrücken können. Wie viele Kinder sitzen bereits auf der Bank neben der Schaukel und warten, bis sie dran sind? Und wie lange ist eine Minute, bis endlich der nächste Wechsel auf der Schaukel ist? Bis 60 zählen? Das dauert ganz schön lange, oder? Aber wenn der große Jonas das zählt, kommt die 60 ganz schnell. Wie lange ist denn jetzt eine Minute wirklich?

Und ebenso erfahren wir, dass Zahlen auch die Größe oder das Gewicht von etwas angeben können. Wir messen uns am Maßband an der Wand und markieren, wie groß jedes Kind ist. Die Kinder vergleichen sich gegenseitig, stellen sich nebeneinander vor dem Spiegel auf, bilden Reihen und stellen fest, wer größer und wer kleiner ist. Dann vergleichen sie sich auch mit den Kindern aus den anderen Gruppen. Ist das größte Kind aus der Hasengruppe auch größer als alle Igelkinder? Wir sortieren auch die Dinge in unserer Gruppe nach der Größe: Welches ist der kleinste Buntstift? Und welcher Turm ist so hoch, dass er noch höher als die Kinder ist? Wir vergleichen, sortieren, messen, wiegen und bekommen eine Vorstellung von Begriffen wie »auf, über, unter, neben, mehr, weniger, länger, kürzer«.

Wir spielen schnelle Fingerspiele und erleben dabei das simultane Erfassen (Erfassen ohne Zählen) von kleineren Mengen. Wir zählen im Kalender die Tage bis zum nächsten Urlaub mit dem großen Flugzeug oder bis zum Geburtstag – »Nur noch drei Mal schlafen!«

Wir finden Zahlen auf der Uhr an der Wand, in unserem Kalender, auf dem Telefon in der Puppenecke und als Magnetzahlen an einer Tafel im Flur. Wie du siehst, Zahlen sind überall in unserem Alltag. Durch den bewussten Umgang damit erlernen Kinder in der Kita wichtige mathematische Vorläuferkompetenzen, welche für die spätere Mathematik in der Schule notwendig sind. Wer keine Gelegenheit hatte, die Grundlagen zu verinnerlichen, kann auch das darauf Aufbauende nicht lernen. Deswegen weiß man heute, dass mathematische Bildung in der Kita entscheidend in Bezug auf die Dyskalkulieprävention ist.

Weil Kinder sich selbst bilden

Jetzt denkst du dir vielleicht: Häää, was ist das denn nun für ein Grund? Wenn die Kinder sich selbst bilden, warum gibt es dann überhaupt Erzieher? Und warum heißt es dann immer, dass Erzieher so viel leisten? Also eigentlich ist das ganz einfach: Ja, Kinder bilden sich selbst. Aber dafür brauchen sie Bezugspersonen, welche sie dabei begleiten. Das heutige Bild vom Kind beruht auf der grundsätzlichen Annahme, dass jeder Mensch innere, natürliche Kräfte in sich trägt, welche nach Entwicklung streben. Das Kind ist also ein sich selbst bildendes Individuum, ein Forscher, der sich seine Welt selbst erschließt. Ein Kind gestaltet aktiv seine eigene Entwicklung, es wird nicht einfach passiv von den Erwachsenen bzw. von den Erzieherinnen gebildet.

Aber die Erzieherinnen haben die Aufgabe, den Bildungsprozess des Kindes zu begleiten, zu unterstützen und anzuregen. Denn ein Kind braucht einen Bildungspartner an seiner Seite. Einen Partner, der Sicherheit vermittelt und der erkennt, wo das Kind momentan gerade auf seiner Forschungsreise steht. Damit er dem Kind ein passendes Bildungsangebot anbieten kann. Ein Angebot, welches die Bildungsbedürfnisse des Kindes berücksichtigt, welches Interesse weckt und das Kind im richtigen Maße herausfordert.

Die Aufgabe der Erzieherin ist es also, das Kind zu begleiten, seine Themen zu beobachten und wahrzunehmen, um diese dann pädagogisch umzusetzen. Das kann je nach Situation zum Beispiel eine Veränderung der Umgebung, eine bestimmte Materialauswahl oder ein Projekt sein. Die Fachkraft schafft damit die Rahmenbedingungen, innerhalb welcher sich das Kind selbstständig bilden und eigene Erfahrungen sammeln kann. Denn schon Albert Einstein sagte: »Lernen ist Erfahrung. Alles andere ist einfach nur Information.«

Weil wir die Natur erforschen

Ja, Regenwürmer sind ekelhaft. Spinnen und Käfer auch. Nein, das dürfen wir den Kindern nicht sagen. Damit wir unsere eigenen Ängste und Phobien nicht auf die Kinder übertragen, sollen wir laut Fachwelt nicht mit offensichtlichem Ekel oder Abneigung auf solche Krabbeltierchen reagieren. So weit die Theorie. Gleichzeitig sollen wir als Erzieher aber auch immer authentisch sein. Authentisch in unserer Person, in unseren Emotionen. Da frage ich mich ja schon lange, wie diese beiden Sachen vereinbar sein sollen. Ganz im Ernst, wer soll einem das denn glauben, wenn man mit einem Lächeln sagt:»Ooooh, was für ein toller Regenwurm, wo hast du den denn gefunden?«, während man angestrengt versucht, nicht zu schreien und keine ruckartigen Bewegungen zu machen. Man versucht also einfach nur ruhig zu atmen und abzuschätzen wo das Kind die Hand mit dem Regenwurm als Nächstes hinhält. Kinder halten einem so was nämlich gerne mal direkt ins Gesicht. Damit man sich den Wurm auch ganz genau aus nächster Nähe ansehen kann. Wunderschön!

Kinder haben auch zum Thema Natur so einiges zu sagen:

☺ Ben findet einen toten Vogel. Sachlich stellt er fest:»Der ist nicht mehr gesund. Der hat Blut.«

☺ Katrin sitzt im Sandkasten und beobachtet fasziniert die Ameisen, die vor ihr über den Boden krabbeln. Dann sticht sie mit einem Stöckchen auf eine Ameise ein, bis diese sich nicht mehr bewegt. Katrin nimmt die Ameise in die Hand und streckt sie mir hin. Dazu sagt sie:»Die ist platt. Ein bisschen platt. Die kannst du wegschmeißen.«

☺ Die Kinder sind in Aufruhr, weil eine Mücke während des Picknicks immer wieder in ihren Brotdosen Platz nimmt. Lena hat die Lösung:»Wenn da eine Mücke ist, dann müssen wir erst zu mir nach Hause. Wir brauchen meiner Mama ihren Flip-Flop. Der macht die Mücke tot. Dann kann man gut schlafen.«

☺ Paul erzählt von seinen Erfahrungen mit Haustieren: »Ich hatte schon mal ein Haustier. Eine Raupe. Aber die ist mir weggelaufen. Das ist aber nicht schlimm. Die hat nur zwei Cent gekostet.«

☺ Um unsere Kita herum wurden ganz viele Bäume gefällt. Plötzlich kann man vom Sandkasten aus über das halbe Dorf schauen. Ich frage ein Vorschulkind danach, wie ihm unser Außengelände jetzt gefällt. Das Kind überlegt kurz und antwortet: »Das ist ganz schön toll zum Gucken, aber das ist gar nicht gut für unsere Luft.«

Okay, okay. So weit meine persönliche Sicht und die der Kinder. Fachlich betrachtet ist es unsere Aufgabe, Kindern Naturerfahrungen zu ermöglichen. In unserer heutigen Welt ist das leider nicht mehr für alle Kinder selbstverständlich. Da können wir uns glücklich schätzen, dass unsere Kita sehr ländlich liegt. Wir können problemlos mit dem Förster durch den Wald streifen oder den Bauernhof besuchen. In unserem Außengelände sammeln die Kinder Insekten, um sie zu beobachten und sie in unser großes Insektenhotel zu bringen. Außerdem haben wir dort ein großes Hochbeet angelegt. Als »Gartendetektive« beschäftigten wir uns innerhalb eines Projektes erst mit den verschiedenen Schichten des Hochbeets. Passend zum Dorfleben kam der Bürgermeister mit einem Hänger voller Pferdemist vorbei, den die Kinder begeistert ins Hochbeet schaufelten.

Nachdem das Hochbeet komplett fertiggestellt war, pflanzten wir gemeinsam die verschiedensten Gemüsesorten. Es folgte eine spannende Zeit, in der wir die Pflanzen beim Wachsen beobachteten. Gleichzeitig übernahmen die Kinder Verantwortung für das Hochbeet, kümmerten sich um die Pflege und die regelmäßige Bewässerung. Dabei waren sie so motiviert, dass aus dem Hochbeet manchmal fast ein Teich geworden wäre. So gerne gossen sie die

Pflanzen. Nach und nach lernten wir die verschiedenen Pflanzen kennen und freuten uns über die Ernte. Und urplötzlich mochten alle Kinder Gemüse. Und zwar alles Mögliche an Gemüse. Jedes Mal, wenn wir Kohlrabi, Salat, Paprika oder Ähnliches ernteten, saßen alle gemeinsam im Kreis, bestaunten die Pflanze, bereiteten sie zu und hinterließen leere Teller. Ein wunderbares, langfristiges Projekt, von welchem die Kinder jedes Jahr aufs Neue profitieren.

14. GRUND

Weil man seine Sinne selbst wiederentdeckt

Wenn Eltern ihre Kinder nach einem Tag bei uns abholen, dann begrüßen sie die Kinder häufig mit dem Satz: »Wie siehst du denn aus?«

Das ist ziemlich schade, oder? Denn die Kinder sehen einfach nur so aus, wie Kinder nun mal aussehen sollten nach dem intensiven Spielen. Sie kleben ein bisschen von der Sonnencreme, in ihrem Gesicht findet man manchmal vielleicht noch ein paar Reste vom Mittagessen, und vor allem sind sie über und über mit der Matschepampe bekleckert, in der sie in den letzten Stunden fleißig gebaut und experimentiert haben. Sie haben gearbeitet und gelernt. Und dabei bleibt man nun mal nicht sauber.

Kinder lernen mit allen Sinnen. Deswegen können sie an keiner Pfütze vorbeigehen, ohne zu testen, wie hoch das Wasser spritzt, wenn sie mit beiden Füßen hinein springen. Und deswegen müssen Kinder alles anfassen und ausprobieren.

Lernen mit allen Sinnen. Wahrscheinlich ist dieser Bereich das beste Beispiel für das, was in der Kita an wirklich wichtigen Bildungsprozessen passiert, aber leider häufig von außen betrachtet ungesehen bleibt. Hören, Sehen, Riechen, Schmecken, Fühlen – die verschiedenen Sinnesleistungen sind die Kontaktstelle eines Kindes zu seiner Umwelt. Durch seine Sinne macht sich ein Kind von Anfang an ein Bild von der Welt, und man weiß inzwischen, dass Sinneserfahrungen die Vernetzung der Nervenzellen im Gehirn steigern.

Und trotzdem kommt vor allem das Fühlen in unserer heutigen Gesellschaft häufig zu kurz. Während die Kinder früher durch Wald und Wiesen streiften, bis es dunkel wurde oder die Kirchenglocken das Ende der Spielzeit einläuteten, leben die heutigen Kinder in einer anderen Welt. Mehr Neubaugebiete, mehr Beton, weniger Natur und Dreck, weniger freie Zeit und zumindest gefühlt auch weniger Gefahren. Kitas müssen so gut es geht auch diesen Mangel ausgleichen. Wir müssen den Kindern die wichtigen Sinneserfahrungen geben, die sie für ihre Entwicklung brauchen.

Wenn Kinder diese sinnlichen Möglichkeiten nicht ausreichend haben, dann suchen sie sich ihre eigenen Alternativen. Dann wird die Trinkstation der Kita zur Wasser-schütt-Station, und die Suppe beim Mittagessen wird zum Eincremen benutzt. Meistens liegen gerade die Kinder, die von zu Hause aus auf gar keinen Fall schmutzig werden sollen, mit dem allergrößten Vergnügen im Matsch und machen quietschend Matsch-Engel. So sehr sehnen sie sich nach diesen Erfahrungen. Kinder brauchen wenigstens in der Kita eine Umwelt, die verschiedene Sinneserfahrungen zu jeder Zeit zulässt. Sie brauchen harte, weiche, trockene, nasse, schleimige, warme und kalte Materialien. Wasser, Sand, Lehm, Erde, Linsen, Reis, Bohnen, Rasierschaum, Steine, Eiswürfel, Kastanien, Rinde, Moos, Gras, Stroh, Heu, Seifenblasen, Zweige, Äste, Maisstärke mit Wasser gemischt, Knete und viele weitere. Die Liste ist unendlich lang. Kinder müssen mit all diesen sinnlichen Dingen selbstständig experimentieren dürfen, egal wie schmutzig sie dabei werden. Denn schon Maria Montessori sagte: »Wenn Sie ihr Kind heute sauber aus dem Kindergarten abholen, dann hat es nicht gespielt und nichts gelernt.« Und damit hatte sie verdammt recht!

Weil wir Sprachförderung betreiben

In den letzten Jahren fand Sprachförderung in Kitas meistens durch externe Sprachförderkräfte statt. Diese kamen für eine gewisse Stundenanzahl in die Einrichtung und zogen die einzelnen Kinder aus ihren Gruppen heraus, um speziell mit ihnen in einem Nebenraum etwas für die Sprachförderung zu tun. Inzwischen weiß man, dass dieser Ansatz nicht der optimale ist. Häufig mussten Kinder ihre Spielsituation in der Gruppe für die Sprachförderung unterbrechen, dabei bieten sich doch in der Spielsituation auch viele Anlässe zur Sprachförderung. Komisch, oder?

Bei der aktuellen Vorstellung von guter Sprachförderung geht es um alltagsintegrierte Sprachförderung. Diese wird logischerweise von den Erzieherinnen umgesetzt, denn diese sind in der Kita die Bezugspersonen der Kinder und verbringen den Alltag mit ihnen. Man möchte also weg von externen Sprachförderkräften.

Alltagsintegrierte Sprachförderung bedeutet, dass wir alle Anlässe des Tages nutzen, um mit dem Kind zu kommunizieren. Sowohl Einzelsituationen wie das Wickeln, der Toilettengang oder das Anziehen als auch Gruppensituationen wie das gemeinsame Essen, eine Bilderbuchbetrachtung oder eine Spielsituation. Wir lesen, erzählen, singen, machen Fingerspiele, Tischsprüche und Reime. Dabei passen wir unsere eigene Sprache dem Entwicklungsstand des jeweiligen Kindes an. Wir lassen Kinder aussprechen, hören ihnen zu und vermitteln ihnen Freude am Sprechen. Wir lassen Kinder nichts nachsprechen und verbessern sie nicht von oben herab. Stattdessen korrigieren wir sie indirekt, indem wir ihre Worte aufnehmen und richtig in unseren eigenen Sätzen wiedergeben. Dabei hören die Kinder das Wort in seiner richtigen Form, ohne sich zurechtgewiesen zu fühlen. So zum Beispiel, wenn ein Kind sagt: »Frau Weisbrod, ich hab dich geruft!« – »Oh, du hast mich gerufen, tut mir leid, ich habe dich nicht gehört. Was möchtest du mir denn sagen?« Damit fühlt sich das Kind verstanden und bleibt weiterhin motiviert, sich uns mitzuteilen. Wenn wir sagen würden: »Das ist falsch, heißt nicht ›geruft‹. Das heißt ›gerufen‹. Sag bitte G-E-R-U-F-E-N.«, dann hätte das Kind wahrscheinlich eher Angst davor, weiter mit uns zu sprechen.

Um Kinder in ihrer Sprachentwicklung zu begleiten und zu fördern, brauchen wir Fachwissen über die Entwicklung der kindlichen Sprache, über mögliche Auffälligkeiten wie Stottern oder Poltern und den Umgang mit Mehrsprachigkeit. Wir kennen Sprachstrategien, wissen, wie wir die richtigen Fragen stellen, um die Kommunikation der Kinder anzuregen, und begleiten unsere eigenen Handlungen sprachlich, um den Wortschatz der Kinder zu vergrößern.

16. GRUND

Weil man auf der Arbeit sportlich sein kann

Wer beruflich bedingt fast jeden zweiten Tag Kuchen zu essen bekommt, der sollte sich wohl besser auch ein bisschen bewegen. In der Kita lässt es sich auch gar nicht vermeiden, dass man sich bewegt, denn …

1. Vorbildfunktion, natürlich, was sonst?
2. Bewegungsbaustelle, gemeinsames Turnen mit den Kindern.
3. Rutschen, Schaukeln, um die Wette laufen.
4. Kinderdisco tanzen.
5. verschiedene Disziplinen der alltäglichen Erzieher-Olympiade:
♡ auf Knien auf dem sandigen Boden der Garderobe krabbeln, um 50 Schuhe an 50 kleine Füße zu ziehen, Beine durch Matschhosen zu stecken, Arme in Jacken einzufädeln, Finger in kleine Handschuhe zu schieben und Mützen über Ohren zu ziehen.

♡ Ausflug zum Spielplatz mit drei Erziehern und 25 Kindern, wovon die Kleinsten in drei Bollerwagen zwischen Taschen und Getränkeflaschen sitzen. Die restlichen Kinder laufen in Zweiergruppen Hand in Hand dazwischen. Zwischen Kita und Spielplatz liegen mehrere Straßen und eine große Treppe. Nach dem Tragen von drei Bollerwagen mit ordentlich Gewicht darin kann man sich das Fitnessstudio dann auch schenken. Das Gewicht, das man da hinter sich herzieht, erinnert vage an einen Leistungsmarsch bei der Bundeswehr. Ohne Tarnfarben, aber mit mindestens genauso viel Schweiß. Ich habe es noch nie so sehr bereut wie an diesem Tag, nur Birkenstock an den Füßen zu tragen.

♡ Weinende Kinder tragen. Gerne auch zwei gleichzeitig, rechts und links auf der Hüfte. Natürlich kann man dabei noch problemlos in die Knie gehen und wieder aufstehen, ohne dabei umzufallen. Squats mit Gewichten sozusagen. Wenn man dann noch bedenkt, dass ein dreijähriges Kind etwa 14 Kilo wiegt – puh!

♡ 10.000 Schritte am Tag als Ziel für den Durchschnittsmenschen? Laut meinem Fitnesstracker habe ich die nach acht Stunden in der Kita meistens schon erreicht. So viel zum Thema: Erzieher sitzen nur rum und trinken Kaffee.

♡ Mehrere Sprints am Tag, auch über längere Distanzen, weil man beobachtet, wie ein Kind dem anderen die Schippe über den Kopf zieht, ein anderes einfach in die schwingende Schaukel hineinläuft und dabei vom schaukelnden Kind fast umgetreten wird, oder ein weiteres Kind testet, ob der Zaun um die Kita herum wirklich so unbezwingbar hoch ist. Lauf, Erzieherin, lauf!

Weil wir alle Jahreszeiten viel intensiver durchleben

Sommer
Wasser spritzen, quietschen, lachen
Barfuß laufen
Sandkuchen backen
Creme schmieren
Schatten fangen
matschen, klecksen, fühlen, springen
Mittagsschlaf mit schwarzen Füßen
auf Bäume klettern
Staudamm bauen
Eis aufschlecken

Herbst
rote, gelbe, braune Blätter sammeln
über Pfützen springen
Regen spüren
Drachen steigen
Kürbis schnitzen, Suppe kochen
Laterne laufen
Martinsbrezeln essen
Feuer knistern hören
Kastanien sammeln, glatt und stachelig

Winter
Handschuh, Mütze, Schal
Olaf bauen, Elsa sein
Stiefel putzen, Türchen öffnen
Bäume schmücken, aufs Christkind warten

Plätzchen backen, Teig vernaschen
Kuscheln, Lesen, Kerzenschein
Eiszapfen tasten, Schneeflocken schmecken
Schlittenfahren, Schneeengel machen
Tierfährten lesen, Nüsse knacken
Silvester verschlafen

Frühling
es wächst und krabbelt
Knospen, Keime
Schmetterlinge, Bienen, Hummeln
Vögel zwitschern
spazieren gehen
Natur entdecken, Hochbeet füllen
Eier färben, Hasen suchen
Roller fahren
Verstecken spielen
Eichhörnchen verfolgen

18. GRUND

Weil wir mit den Kindern digitale Medien entdecken

Um bei der Wahrheit zu bleiben: Häufig ist es inzwischen leider so, dass Kinder mit zwei Jahren, also zu Beginn der Kita-Zeit, bereits mehr von den digitalen Medien entdeckt haben, als uns lieb ist. Zumindest die Wisch-Bewegung über den Bildschirm können einige schon so selbstverständlich wie die PIN von Papas iPhone. Momentan haben 95 Prozent aller Haushalte einen Internetzugang und 97 Prozent aller Haushalte mindestens ein Smartphone.

TV, Smartphones, Computer, Tablet, Laptop und Kameras gehören also zu unserem alltäglichen Leben und damit unvermeidbar auch zum Leben unserer Kinder. Aber ab wann und wie weit die Kinder in die digitale Welt eintauchen, das hängt durchaus davon ab, wie sehr Eltern und Erzieher das zulassen.

Bekannt ist dabei die so genannte 3-6-9-12-Regel:
◇ Kein Bildschirm unter 3 Jahren,
◇ keine Spielkonsole vor 6 Jahren,
◇ Kein Smartphone vor 9 Jahren
◇ und keine unbeaufsichtigte Internetnutzung vor 12 Jahren.

Laut der miniKIM-Studie von 2014 sieht jedoch bereits 1/3 der zwei- bis dreijährigen Kinder durchschnittlich 34 Minuten fern. Und das an jedem Tag. Ab dem vierten Lebensjahr steigen diese Angaben sogar noch deutlich auf durchschnittlich 52 Minuten am Tag. Klar müssen Kinder auch die digitale Welt entdecken. So wie sie zuvor auch die reale Welt entdecken müssen. Aber eins nach dem anderen und vor allem mit der richtigen Begleitung. Kinder müssen den richtigen Umgang mit Medien erst lernen, um vor Überforderung und Gefahren geschützt zu werden.

In der Praxis zeigt sich immer mehr, dass auch Smartphones und Tablets ein großes Thema bei Kindern sind. Wischen, tippen, zoomen, klicken – die taktile Bedienbarkeit solcher Medien kommt der kindlichen Art und Weise, mit Dingen umzugehen, sehr entgegen und macht das Entdecken einfach. In den Regalen der großen Technikkonzerne findet man sogar Kinderhalterungen für Tablets. Ja, ernsthaft. Das sind große, bunte Gummihüllen mit überdimensionalen Griffen an jeder Seite, damit dem kleinen Kind das Tablet nicht so leicht aus der Hand fällt. Wahnsinnig fürsorglich, diese Technikindustrie. Damit wäre das Tablet nun ausreichender geschützt als die Entwicklung des dazugehörigen Kindes.

Ich habe, was dieses Thema angeht, meine eigene Grundregel, welche im groben allerdings sehr mit der 3-6-9-12-Regel übereinstimmt:

Wer sich noch nicht alleine den Hintern abputzen kann, der braucht auch noch keinen Bildschirm vor der Nase. Basta. Nein, damit will ich natürlich nicht die Sauberkeitserziehung eines Kindes an die Entwicklung seiner Medienkompetenz knüpfen! Ich meine nur, vielleicht sollte man bedenken, dass ein Kind in Windeln erst einmal ganz andere (reale, sinnliche) Sachen entdecken sollte / will / muss, bevor man ihm die digitale Welt zumutet. Natürlich sollte man wie immer die Kirche im Dorf lassen, und auch ich bin nicht dafür, dass man digitale Medien komplett verteufelt, denn schließlich gehören sie zur Lebenswelt der Kinder dazu. Aber man sollte zumindest eine altersgerechte Auswahl treffen, was die Nutzung von bestimmten Medien im Allgemeinen oder auch den Inhalt im Fernseher angeht.

Dass alles andere gewaltig schiefgehen kann, zeigt sich dann bei den Kindern, die bereits in jungen Jahren zu viel unangemessene Medieninhalte ungefiltert aufnehmen müssen. Da wundern sich die Eltern über Verhaltensauffälligkeiten – finden es aber gleichzeitig ganz normal, bereits das zweijährige Kind vor Filmen wie *Hulk* oder *Batman* zu parken. Wenn das Kind danach über Tische und Bänke springt, äußert es dabei auch noch, dass es das eben tun muss, denn schließlich sei es ja Hulk. Aber klar, zwischen dem Medienkonsum und dem Verhalten besteht natürlich gar kein Zusammenhang. Ist bestimmt totaler Unfug, dass Kinder im Spiel solche Dinge verarbeiten müssen …

Der Hirnforscher Manfred Spitzer berichtet schon lange von der Erkenntnis, dass Fernsehen die Gehirnentwicklung von Kindern behindert. Er geht sogar so weit, dass er darauf hinweist, dass der gestiegene Fernsehkonsum von Kindern und Jugendlichen die wirtschaftliche Zukunft unseres Landes bedroht. Während manche Menschen das als seine übertriebene, persönliche Meinung abtun, gibt es immer mehr Studien, welche seine wissenschaftlichen Erkenntnisse untermauern und ergänzen. Eine der neusten Studien in dem Bereich der digitalen Medien ist die »Blikk-Medien-Studie-2016«. Erste Ergebnisse der Studie wurden am 9.11.2016 in einer, wie ich finde, sehr lesenswerten Pressemitteilung veröffentlicht. Hier ein Auszug davon:

»BLIKK-Medien (Bewältigung, Lernverhalten, Intelligenz, Kompetenz, Kommunikation) ist ein gemeinnütziges Projekt des Instituts für Medizinökonomie & Medizinische Versorgungsforschung der Rheinischen Fachhochschule Köln (RFH), der Stiftung Kind und Jugend des Berufsverbandes der Kinder- und Jugendärzte, der Universität Duisburg-Essen, Fachbereich Allgemeine Psychologie: Kognition und der Deutschen Gesellschaft für Ambulante Allgemeine Pädiatrie (DGAAP). (…)

Das Konzept dieses Projektes ist es, Daten zum Lebensumfeld, zum Verhaltensmuster und zum Medienverhalten in der Familie zu erheben. Einzigartig an diesem Projekt ist, dass zum ersten Mal parallel dazu pädiatrische Früherkennungs-Untersuchungen durchgeführt und umfassend dokumentiert werden. (…)

Im Rahmen dieser ersten Projektphase zeigten sich die nachstehenden Ergebnisse auf der Basis von 2.955 validen Datensätzen (96,9 %) von Kindern in der Altersgruppe zwischen einem Monat (U3) und 14 Jahren (J1):

1. Wird eine elterliche digitale Mediennutzungskompetenz vermisst, kann dies auch eine digitale Mediennutzungskompetenz der Kinder vermissen lassen.
2. Eltern sind bestrebt, ihren Wissensbedarf zum Thema »Digitale Mediennutzung« in der Kinder-Erziehung im Rahmen von Eltern-Gesprächen zu decken.
3. 75 % der Kinder im Alter von 2 bis 4 Jahren (U7–U9) spielen bereits bis 30 Minuten mit Smartphones bei einer fehlenden digitalen Medien-Nutzungs-Kompetenz.

4. Es zeigt sich ein Zusammenhang zwischen Sprachentwicklungs-
   störungen und der Nutzungsdauer digitaler Medien der Kinder
   bzw. der Eltern.
5. Es besteht eine Wechselbeziehung zwischen der Nutzungsdauer
   digitaler Medien und dem BMI des Kindes, des Bewegungs-
   umfangs sowie dem Genuss von Süßgetränken.
6. Insbesondere in der Altersgruppe der Kinder im Alter 8–14
   (U10, U 11, J1) zeigen sich Zusammenhänge bei Lese-/Recht-
   schreibe-Schwäche, Aufmerksamkeitsschwäche, Aggressivität
   sowie Schlafstörungen und einer fehlenden Kompetenz im Umgang mit digitalen Medien.«

Auch unter Fachkräften in der Kita ist die Mediennutzung immer
wieder ein heiß diskutiertes Thema. Egal welche Meinung man dazu
hat als Fachkraft – auch an dieser Stelle wird wieder deutlich, dass
man kaum eine Chance hat, auf den Medienkonsum eines Kindes
einzuwirken, wenn man nicht mit den Eltern zusammenarbeitet.

Aber mal ganz ehrlich: Spätestens wenn die Kinder auch in nor-
malen Büchern mit dem Finger über die Seiten wischen, sollten
die Erwachsenen zügig die Adresse der nächstgelegenen Biblio-
thek googeln. Von Grundschülern, die sich zur Musik vor der
Smartphonekamera rekeln und diese Videos dann online auf
Musically für alle Welt zugänglich machen, wollen wir an dieser
Stelle erst gar nicht anfangen. Ebenso wenig von solch sinnfreien
Erfindungen wie BabyTV oder der netten Werbung zwischen den
Kinderserien.

Bevor nun einige Eltern denken »Die übertreibt doch, die Frau
Weisbrod!«, möchte ich an dieser Stelle noch auf die Informationen
von innocenceindanger.de hinweisen:

»Heute sind bereits 43 % der 7-jährigen und 80 % der 9-jähri-
gen online. Noch unübersichtlicher wird die Situation durch Smartphones. 5 % der 6–7-Jährigen, 17 % der 8–9-Jährigen, bereits 43 %
der 10–11-Jährigen und satte 73 % der 11–12-Jährigen besitzen ein

eigenes Smartphone. Eltern verlieren damit oft jegliche Kontrolle über das Surfverhalten ihres Kindes.

Für Täter war es noch nie so einfach, Kontakt mit (…) Kindern aufzunehmen. Rechnet man die Daten der MIKADO-Studie aus, haben 728.000 Erwachsene in Deutschland sexualisierte Online-Kontakte zu Kindern (unter 14 Jahren). Online bzw. digital haben Täter und Täterinnen einen entscheidenden Vorteil: den direkten und ungestörten Kontakt zum Kind.«

Erschreckend, oder? Die Idee mit dem ersten eigenen Smartphone als Geschenk in der Schultüte sollte man sich also vielleicht noch mal durch den Kopf gehen lassen.

19. GRUND

Weil Ernährung ein wichtiges Thema ist

Durch die verlängerten Öffnungszeiten übernimmt die Kita auch beim Thema Ernährung eine wichtige Aufgabe. Viele Kinder verbringen den größten Teil ihres Tages in einer Einrichtung. Sie frühstücken dort und essen dort zu Mittag. Und dazwischen gibt es Snacks. Häufig findet nur noch das Abendessen zu Hause in der Familie statt. Umso wichtiger ist es, dass die Verpflegung innerhalb der Kita einer gewissen Qualität entspricht und eine ausgewogene Ernährung gewährleistet. Die Deutsche Gesellschaft für Ernährung (DGE) hat deshalb die »DGE-Qualitätsstandards für die Verpflegung in Tageseinrichtungen für Kinder« entwickelt. Darin ist beschrieben, wie die Lebensmittelauswahl, die Getränkeauswahl und die Speiseplangestaltung bestmöglich umzusetzen sind. Dabei muss je nach Einrichtung sowohl die Ernährung für die älteren Kinder als auch die Ernährung für die Krippenkinder berücksichtigt werden.

Auch während der Mahlzeiten haben Fachkräfte eine wichtige Aufgabe. Deswegen ist Essenszeit mit den Kindern auch keine

Pausenzeit. Je nach Alter brauchen die Kinder unterschiedlich viel Unterstützung beim Essen. Wir kümmern uns um die Rahmenbedingungen der Mahlzeiten. Die Kinder sollen als Teil der Ernährungsbildung erfahren, welche Esskultur, Verhaltensregeln und Kommunikationsregeln wir gemeinsam umsetzen. Sie sollen Freude am Essen haben und mit ausgewogenen, vollwertigen Lebensmitteln einen gesunden Ernährungsstil kennenlernen. Auch durch Koch- und Backangebote im Alltag lassen wir Kinder an der Herstellung von Lebensmitteln teilnehmen und fördern ihre Alltagskompetenzen. Kinder schnippeln gerne Gemüse und kochen erste eigene Mahlzeiten. Am liebsten mit dem zuvor selbst angepflanzten Gemüse. Manchmal kochen wir gemeinsam etwas für die Eltern und laden sie zum Essen in die Kita ein. Dann sind die Kinder besonders stolz auf ihren eigenen Einkauf, ihre Zubereitung des Essens und die selbst gemachte Tischdekoration.

Aber nach all der Theorie hier noch etwas zum Schmunzeln. Ein bisschen Kindermund zum Thema Essen:

☺ Jana, 4 Jahre alt, isst im Winter Erdbeeren aus ihrer Frühstücksdose. Die Erzieherin spricht mit ihr: »Du Jana, weißt du eigentlich, wo deine Erdbeeren wachsen? Weißt du, hier in Deutschland ist momentan Winter, und die Erdbeeren können hier nicht wachsen, wenn es so kalt ist. Deswegen müssen die in anderen Ländern wachsen. Zum Beispiel in Spanien, weil es dort wärmer ist als in Deutschland. Die Erdbeeren werden dann dort geerntet und mit einem Lkw bis nach Deutschland gefahren. Deine Erdbeeren kommen also aus Spanien.« Jana schaut ganz verwundert und schüttelt energisch den Kopf: »Nee, die sind aus dem Netto!«

☺ Kurz vor Ostern behandeln wir das Thema »Eier« im Sitzkreis. Alle Kinder haben von zu Hause Eier mitgebracht, gemeinsam schauen wir uns diese an und überlegen, wo die Eier eigentlich herkommen. Tanja, 5 Jahre, erklärt ganz selbstbewusst: »Na das ist wie bei uns Menschen. Manchmal stopfen wir uns auch den Bauch voll. Dann essen wir so viel Schokolade und dann müssen wir Kacka. Und die Hühner, die drücken dann da halt Eier raus, wenn die Kacka müssen.«

☺ Wir fragen die Kinder, ob die denn den Unterschied zwischen den verschiedenen Eiern kennen. Robin ruft laut in den Sitzkreis rein: »Das ist ein Bio-Ei. Das kann man gut in den Bio-Müll werfen.«

☺ Im Außengelände beobachtet eine Erzieherin zwei Jungs dabei, wie sie sich an den Pflanzen zu schaffen machen. Sie ruft, was sie denn da hinten an den Tulpen machen. Die beiden laufen zur Erzieherin. Einer der beiden ruft: »Wir machen nichts an den Tulpen. Wir essen SCHNITZEL!« – und streckt dabei seine Hand voller Schnittlauch in die Luft.

☺ Mittagessen in der Kita. Elias, 5 Jahre, probiert zum ersten Mal von seinem Salat. Langsam pikst er ein Blatt Salat auf seine Gabel, führt sie vor den Mund und leckt mit der Zunge die Salatsoße vom Salatblatt. Voller Stolz springt er auf und ruft: »Ich hab Salat probiert, ich hab Salat probiert, ganz echt!«

☺ Kevin, 3 Jahre alt, liebt Nudeln und weigert sich gleichzeitig, Lasagne zu essen, weil er nicht glauben will, dass die Lasagneblätter auch Nudeln sind.

☺ Leonie, 3 Jahre, sitzt beim Mittagessen und hat ihren Teller bereits leer gegessen. Sie zeigt auf die Schüssel mit dem Brokkoli und fragt: »Darf ich noch so eine Blume haben?«

☺ Tim, 4 Jahre: »Ich probiere mal ein bisschen Rotkraut, aber nur ohne Unkraut!«

Weil wir Prinzessin oder Pirat sein können – nicht nur an Fasching

Etwa ab dem dritten Lebensjahr beschäftigen sich Kinder mit den sogenannten Rollenspielen. Dabei spielen sie verschiedene Situationen aus ihrem Alltag, aus Filmen oder Büchern nach. Sie schlüpfen in verschiedene Rollen, sind Doktor, Busfahrer, Mutter, Vater, Kind, ein zahmes Kätzchen, ein bellender Hund oder ein brüllender Löwe.

Kinder lernen während dieser Rollenspiele vieles. Sie überlegen sich eigenständig verschiedene Rollen und Handlungen. Dafür müssen sie untereinander kommunizieren und Absprachen treffen, was Sprachanlässe schafft. Sie trainieren ganz spielerisch ihr Sozialverhalten, denn sie müssen sowohl tolerant gegenüber den Vorschlägen und Impulsen der anderen Kinder sein, als auch selbst etwas mit einbringen. Auch innerhalb eines Rollenspieles gibt es festgelegte Regeln, die eingehalten werden müssen. So muss das Kätzchen sein Futter mit den anderen Kätzchen teilen, und das Kind muss warten, bis die Mutter fertig mit Bügeln ist. Häufig fällt es Kindern leichter, im Rollenspiel das Einhalten von Regeln einzuüben. Gleichzeitig können Kinder im Rollenspiel Sachen ausleben, von denen sie genau wissen, dass sie diese eigentlich nicht machen oder sagen dürfen.

Sie versetzen sich während des Spiels in andere Personen und Rollen hinein und nehmen deren Sichtweisen an. Vor allem aber hilft das Rollenspiel den Kindern dabei, Erlebtes zu verarbeiten und mögliche Ängste abzubauen. So ist es nicht ungewöhnlich, wenn ein Kind nach einem Autounfall häufig Krankenschwester oder Arzt spielt. Das ist eine kindliche und altersgerechte Art, sich mit schwierigen Situationen auseinanderzusetzen. Nicht grundlos werden Rollenspiele bei Kindern auch im Rahmen von Therapiesitzungen eingesetzt.

Auch die Erzieher spielen Rollenspiele zusammen mit den Kindern. Dabei lassen wir vor allem das Kind den Regisseur der Situation sein und fragen nach unseren Rollen. Was sollen wir sein? Sind wir eine liebe oder eine böse Schlange? Können wir sprechen oder nur zischen? Beißen wir auch? Anfangs kostet es vielleicht etwas Überwindung, auf allen vieren einen feuerspuckenden Drachen nachzuahmen. Doch wenn man seine innere Blockade erst einmal überwunden hat und sich ganz auf das Spiel mit dem Kind einlässt, kann es total spannend sein und die Beziehung zu dem Kind stärken sowie intensive Momente der Beobachtung möglich machen.

Um die Kinder bei den Rollenspielen zu unterstützen, legen wir Verkleidungen und Requisiten bereit. Dabei achten wir darauf, dass die Gegenstände nicht zu zweckgebunden sind und die Fantasie der Kinder nicht einschränken. Es muss nicht unbedingt der perfekt ausgestattete Arztkoffer zur Verfügung stehen, denn Kinder können auch mit anderen Gegenständen Arzt und Patient spielen. Durch gezielte Fragen können wir sie in ihrer Vorstellungskraft noch unterstützen.

Letzten Sommer führte mich die fünfjährige Laura minutenlang über unser Außengelände und erklärte mir dabei, durch welches Zimmer eines Eispalastes wir laufen. Auf Zehenspitzen schlich ich hinter ihr her und vergewisserte mich immer wieder bei ihr, ob dort drüben gerade die Wachen vor dem Palast stehen und ob das dort in der Ecke auch wirklich die Tür zum Zimmer der Königin ist. Sie konnte mir jedes Detail der Räumlichkeiten genau beschreiben und erklärte mir, wie ich mich verhalten muss, damit wir heimlich und unentdeckt durch den Palast huschen können. Sie brauchte keine Ideen von mir als Erzieherin – nur meine Fragen und meine Begleitung.

Einigen Kindern fällt es leichter, sich im Spiel zu öffnen. Manchmal hilft es schon, wenn die Erzieher durch Handpuppen mit den Kindern sprechen, anstatt sie direkt anzusprechen. Plötzlich ist das

Eis gebrochen, und man findet über die Handpuppe ohne Ängste ein gemeinsames Gespräch.

Und weil Rollenspiele so wertvoll sind, ist es innerhalb der Kita auch gar nicht verwunderlich, wenn Erzieher im Piratenkostüm über die Meere segeln oder als Ballerina mit Tutu und Krone eine Vorstellung vor Publikum absolvieren. Da schaut niemand mehr komisch – das ist sozusagen Arbeitskleidung.

Weil wir Musik machen

»Frau Weisbrod, wir trommeeeeeln! Guck mal, wir trommeln!« Bum Bum Bum Bum. Mit vereinten Kräften kämpfen die Kinder von der Bauecke aus gegen den Lärmschutz an der Decke an. Die witzlose Lärmampel steht schon lange nur auf Rot. Sie hat keine Chance gegen die Experimentierfreude der Kinder und gegen die Kraft, mit der sie die großen Holzklötze auf die leeren Kisten der Bauecke knallen lassen. Voller Freude, immer schneller und lauter. Ein paar der jüngeren Kinder halten sich bereits die Ohren zu. Okay, also beenden wir die Schlagzeugstunde in der Bauecke mal und verlegen sie nach draußen: »Wow, ihr könnt ja laut spielen! Wer hat Lust, auf der Terrasse weiterzuspielen? Wir könnten uns ja noch ein paar andere Kisten besorgen?« – »Ich, Ich, Ich!« Und schon laufen alle bepackt mit ihren improvisierten Instrumenten nach draußen. »Wir spielen so wild wie Rockstars. Wie die im Fernsehen. Die schütteln so den Kopf dabei«, erklärt Tom den anderen begeistert, während sie ihr Konzert auf der Terrasse fortsetzen.

Kinder mögen es, mit Tönen und Klängen zu experimentieren. Wie klingt der Schlag der Holzklötze auf einer Plastikkiste, wie klingt er auf dem Boden und wie auf einem umgedrehten Topf? Auch mit der eigenen Stimme lassen sich ganz verschiedene Töne erzeugen. Und die klingen in den verschiedenen Räumen auch immer wieder neu. Deswegen lädt der große, lange Flur der Kita auch immer so sehr zum lauten Rufen ein.

In der Kita stehen die verschiedensten Musikinstrumente zum Ausprobieren bereit. Dabei begleiten wir die Kinder und staunen gemeinsam mit ihnen. Es müssen aber nicht immer wirkliche Musikinstrumente sein. Auch aus Alltagsmaterialien lässt sich so einiges machen. So wird aus der Pappe der leeren Küchenrolle zusammen mit Linsen und kleinen Nägeln ein Regenmacher und aus einer alten Glühbirne und etwas Papier eine Rassel.

Kinder lernen bei uns die verschiedensten Musikstile kennen. Im Atelier lauschen wir klassischer Musik, während wir an der Staffelei malen, bei einer Traumreise lassen wir leise die Töne der Panflöten auf uns wirken, und im Turnraum tanzen wir wild zu den aktuellen Lieblingsliedern der Kinder. Apple Music auf dem iPhone der Erzieherin, ausreichend mobiles Internet und eine Musikanlage mit Bluetoothverbindung sorgt dafür, dass wir bei der Kinderdisco jeden Wunsch erfüllen können. Wie ein DJ. Nur, dass man als DJ im Kindergarten immer schön auf die Angemessenheit der Lieder achten muss.

Vor allem die Mädels unserer Gruppe lieben es, »Aufführung« zu spielen. Dabei üben sie etwas ein, sie singen und tanzen und suchen sich passende Musik dazu aus. Dann stellen sie Stühle in Reihen und laden alle Kinder ein, die ihnen zusehen möchten. Während der Vorstellung rufen sie ins Publikum »Ihr dürft ruhig mitsingen!« und »Klatscht doch mal!«. Es ist einfach zu schön, ihnen dabei zuzusehen. Das sieht auch der Rest des Publikums so, der ganz schön lange still sitzen bleibt, um die Show zu sehen, oder manchmal mittendrin beschließt, auch aktiv auf der Bühne mitzumachen.

Weil wir echte Künstler erleben

Schon die Allerkleinsten lieben Kunst. Nur mit einer Windel bekleidet sitzen sie auf großen Papierbögen und schmieren mit Händen und Füßen mit Farbe umher. Sie hinterlassen Spuren und Abdrücke und spüren dabei, dass sie selbst etwas bewirken können. Kunst zum Anfassen und Begreifen also.

Wenn die Windelträger dann älter werden, kommen sie in die Kritzelphase. Sie malen mit großen Armbewegungen nach und nach Kreise, Knäuel und Kreuze, während sie den Stift fest im Faustgriff halten. Die Bewegung kommt dabei anfangs noch großzügig aus dem Schultergelenk, später dann aus dem Handgelenk. Gegen Ende der Kritzelphase beginnen Kinder ihre Bilder zu kommentieren. Sie benennen, was sie aufs Papier gebracht haben, wobei sich der benannte Inhalt noch schnell ändern kann. Der Kreis, der eben noch die Oma war, ist jetzt ein Hund.

Später malen die Kinder dann sogenannte Kopffüßler. Die erste kindliche Form der Menschdarstellung. Wie der Name schon sagt, ist es ein Kopf mit Füßen. Und auch mit Armen. Jedoch ohne Bauch. Mit der Zeit stimmt die Anzahl der Gliedmaßen mit der Realität überein, und der Kopffüßler bekommt ein Gesicht. Nach und nach wird aus dem Kopffüßler eine immer realistischere Menschendarstellung.

Die Bilder bekommen immer mehr Details sowie ein Oben und Unten, und die Farbauswahl wird realistischer. Das Kind malt neben Menschen noch viele weitere Dinge, je nach seinen Interessen. Das reicht von einem Hubschrauber über ein Unter-Wasser-Prinzessinnenschloss bis hin zu »Ein Vogel im Regen«, wie die kleine Künstlerin Laura ihr Bild betitelte. Natürlich verläuft wie in jedem Bereich auch diese Entwicklung individuell und unterschiedlich je Kind.

Kinderbilder sind Ausdruck von Kreativität. Kunst gibt Kindern die Möglichkeit, Wünsche, Träume, Hoffnungen, Erlebtes und Unausgesprochenes zum Ausdruck zu bringen. Die Erfahrungen und Vorstellungen der Kinder bestimmen die Themen. Dafür brauchen sie ausreichend Zeit, Raum und Material, um sich auszuprobieren und ausleben zu können. Sie müssen klecksen, schmieren, kleben, schneiden, malen dürfen. Auf dem Boden, auf dem Tisch, an der Staffelei, drinnen und draußen. Kunst muss lebendig und frei sein. Nichts Vorgegebenes. Es darf kein Richtig oder Falsch geben. Wir Erzieher bewerten keine Kunst, wir schätzen sie. Wir nutzen sie, um mit Kindern darüber ins Gespräch zu kommen. Wir stellen sie für die Augen aller Kinder und Eltern in der Kita aus, wenn die Kinder sich das wünschen. Noten für ihre künstlerische Arbeit bekommen Kinder noch früh genug in ihrem Leben. Da bleibt uns in der Kita nicht viel, außer die Kinder in ihrem künstlerischen Können so zu bestärken, dass sie später sicher sein können, dass Noten nichts Wichtiges darüber aussagen.

Deswegen habe ich auch noch eine kleine Bitte an die Erwachsenen. Wenn das nächste Mal ein Kind mit einem Bild auf dich zukommt, um es dir zu zeigen, dann nimm dir Zeit dafür. Erzähle nichts von »Ach, nur Kritzel-Kratzel!«, und sag auch nicht einfach »Toll gemacht!«, ohne es dir wirklich anzusehen. Kinder spüren, ob ein Lob echt ist oder nicht. Vielleicht fragst du das Kind einfach, was es da gemalt hat und ob es dir etwas dazu erzählen möchte?

Weil auch wir schon
Schreiben und Lesen lehren

Hier gilt ähnlich wie bei der Mathematik: Nein, auch das vermitteln wir nicht schulisch wie später im Deutschunterricht. Es gibt keine Arbeitsblätter, und keine Erzieherin steht an der Tafel. Und trotzdem ist uns bewusst, dass die Kita Einfluss auf den späteren Schulerfolg der Kinder im Lesen und Schreiben hat. Man geht inzwischen davon aus, dass Sprechen, Schreiben und Lesen sich in einer Wechselwirkung entwickeln. Die Entstehung des Schriftspracherwerbs liegt damit bereits vor der Schulzeit. In der Kita arbeiten wir deshalb mit Literacy-Centern. Das sind Spielecken, die zu verschiedenen Themen gestaltet werden können. Die Möglichkeiten dabei sind unbegrenzt. Wie immer gilt: Je bedeutender das Thema für die Kinder ist, desto mehr Interesse werden sie daran haben. Das Literacy-Center könnte zum Beispiel wie eine Tierarztpraxis, wie das Büro einer Autowerkstatt oder eine wie Poststation aussehen. Wichtig dabei ist, dass viele Materialien zur Verfügung stehen, die den Schriftspracherwerb anregen. Dazu gehören bei einem Literacy-Center zum Thema Post viele verschiedene Sorten Papier, Postkarten, Adressaufkleber, Briefumschläge, Briefmarken, Stempel, Stempelkissen, Stifte, ein Telefon, eine Kasse, Kalender, Briefkasten und ein dickes Telefonbuch voller Buchstaben und Adressen. Es gibt ein Ordnungssystem, die Schubladen und Kisten sind beschriftet. Je realistischer, desto besser.

Die Kinder spielen in dieser Poststation Rollenspiele. Sie notieren Adressen, schreiben Postkarten und versenden Briefe. Manchmal im Spiel, manchmal entstehen aber auch Briefe, die mittags an Mama oder Papa übergeben werden.

Das gespielte Lesen und Schreiben führt dazu, dass die Kinder Vorläuferformen dieser Tätigkeiten praktizieren. Sie verstehen, warum es wichtig ist, Lesen und Schreiben zu lernen, und nähern sich diesem Thema in einem geschützten Rahmen, in dem man keine Fehler machen kann. Wichtig ist, dass eine Erzieherin diese Prozesse begleitet, beobachtet und in den richtigen Momenten Impulse gibt.

Auch im übrigen Alltag sind Kinder immer von der Schriftsprache umgeben. Wenn man in unserer Kita den langen Flur entlanggeht, dann findet man oft Kinder, die mitten im Flur auf den Knien sitzen und etwas auf einem Blatt vor sich notieren. Sie sitzen da nicht, weil dieser Platz zum Schreiben so schön ist. Sie sitzen da, weil sie nach und nach die Namen von über 100 Namensschildern abschreiben. Weil ihnen das Spaß macht, weil sie sich das einfordern und weil sie danach stolz ihre vielen vollgeschriebenen Blätter zeigen. Ganz schön viel Arbeit. Toll diese Motivation, oder?

3

FACHWISSEN

Weil der erste Kontakt
mit den Familien so wichtig ist

Wie immer im Leben gilt auch hier: Für den ersten Eindruck gibt es keine zweite Chance! Der Moment, in dem eine Familie zum ersten Mal unsere Einrichtung betritt, ist der Moment, in dem wir unsere Chance nutzen müssen, um den ersten wichtigen Grundstein für alles Folgende zu legen. Es ist aber gleichzeitig auch der Moment, in dem wir uns möglicherweise selbst Steine in den Weg legen, wenn wir nicht aufmerksam genug sind.

Für Eltern ist der Schritt, ihr Kind in eine Kita zu geben, ein sehr großer und einschneidender. Meistens hat das Kind zu diesem Zeitpunkt zwei Jahre mit seiner Mama zu Hause verbracht. Manchmal wurde es vielleicht auch einige Stunden der Woche bei Oma oder Opa betreut, in seltenen Fällen hat es dort bereits schon alleine übernachtet. Unsere heutigen Familienmodelle und die geforderte Flexibilität im Berufsleben sorgen jedoch häufig dafür, dass Kinder nicht mehr im Verband der ganzen Familie aufwachsen, sondern nur noch bei den Eltern. Das macht es den Eltern nicht gerade leichter, sich von ihrem Kind zu trennen und es uns zur Betreuung anzuvertrauen.

Ein Kind ist für die Eltern der größte und wertvollste Schatz, den sie haben. Die Krönung ihrer Liebe als Paar, ein kleiner Mensch, der aus zwei sich liebenden Menschen entstanden ist. Ein so unfassbares Wunder der Natur, dass man es kaum glauben kann. Meistens erlebten die Eltern im Zusammenhang mit ihrem Kinderwunsch, der Schwangerschaft, der Geburt und der folgenden Zeit nicht nur positive Gefühle. Vielleicht hat es erst nicht so recht klappen wollen mit der Schwangerschaft, vielleicht gab es aber auch Komplikationen während der Schwangerschaft, welche unglaubliche Sorgen und Ängste mit sich brachten. Und auch wenn die Geburt geschafft war und das kleine, lang erwartete Wesen nun endlich in den Armen von Mama und Papa lag, war die Welt nicht ausschließlich rosarot. Eltern sind auch nur Menschen, die erst in ihre neue Rolle hineinwachsen müssen. Sie haben also zwei Jahre lang alles Erdenkliche getan, um dem Kind das Beste zu geben, was sie ihm geben konnten. Sie waren nachts wach, haben das schreiende Kind durch das dunkle Haus getragen und sich gefragt, was sie wohl gerade wieder falsch machen. Und am nächsten Tag sind sie trotzdem aufgestanden und haben einfach übermüdet weitergemacht. Sie haben sich die größte Mühe gegeben, diese riesige Elternrolle perfekt auszufüllen – neben all den anderen Anforderungen, die das Leben an sie stellt.

Und dann kommt der Tag, an dem sie mit ihrem Kind an der Hand zu uns kommen, die Tür zur Kita öffnen und ihnen bewusst wird: Hier muss ich mein Kind lassen. Alleine, bei fremden Menschen. Aber es ist doch noch so klein! Panik, Angst und viele Fragen machen sich breit. Wird man sich hier gut um mein Kind kümmern? Ist es hier sicher? Sieht man seine Bedürfnisse? Wird es hier Freunde finden? Ist es nicht noch zu klein, um jeden Tag so viele Stunden hier zu bleiben? Muss ich jetzt jeden Tag ein schlechtes Gewissen haben, wenn ich gehe? Wird mein Kind die Erzieherin vielleicht lieber mögen, als mir das recht ist? Was sind die Erzieher hier überhaupt für Menschen?

All diese Fragen – auch die misstrauischen – sind verständlich in dieser Situation. Die Eltern müssen uns Erziehern einen unglaublichen Vertrauensvorschuss geben, wenn sie ihr kleines Kind zu uns bringen. Einige Kinder sind ja nicht einmal zwei Jahre alt, wenn sie ihre erste Einrichtung besuchen. Viele besuchen bereits ab dem ersten Lebensjahr eine Krippengruppe, manche Kinder werden sogar schon ab der achten Woche fremdbetreut. Unsere Aufgabe ist es, den Eltern zu beweisen, dass es richtig war, uns den Vertrauensvorschuss zu gewähren und ihnen damit die Angst und Sorgen zu nehmen. Das erfordert viel Einfühlungsvermögen und Verständnis. Für uns ist es eine ganz normale Situation in unserem Berufs-alltag, wenn wir ein neues Kind in unsere Gruppe aufnehmen. Wir dürfen aber dabei nie vergessen, dass die Situation für jede einzel-ne Familie eine Premiere ist. Wir uns deswegen jedes Mal aufs Neue beweisen müssen, ohne uns durch misstrauische Fragen und Blicke angegriffen zu fühlen. Wir sind Fremde für die Eltern, und sie geben uns ihren größten Schatz in die Hände – es gibt keinen besseren Grund, um sich als Einrichtung und als einzelne Fachkraft sehr viel Mühe zu geben, was den ersten Eindruck betrifft.

25. GRUND

Weil wir Bildungs- und Erziehungspartnerschaften führen

Mit der Eingewöhnungszeit eines Kindes beginnt auch eine weite-re Zeit für die Eltern und Erzieher. Die Zeit der Erziehungs- und Bildungspartnerschaft. Eltern und Erzieher gehen dabei im Idealfall eine Partnerschaft auf Augenhöhe ein, welche dem Wohl des Kin-des förderlich ist. Das bedeutet, dass man sich offen und respekt-voll über das Kind und seine Entwicklungsschritte austauscht. Man nimmt den anderen so an, wie er ist, mit all seinen Eigenschaften, Ressourcen und Schwächen. Es gibt also nie »die Eltern«, sondern immer Einzelfälle. Keine Familie gleicht der anderen. So wie keine Erzieherin der anderen gleicht. Trotz aller möglichen Unterschiede ist das große Ziel, dass alle zusammenarbeiten und somit das Kind auf seinem Weg bestmöglich begleiten. Es geht also um Kommu-nikation und Kooperation zwischen Eltern und der Bildungsein-richtung. Für ein Kind ist sowohl seine Familie als auch seine Kita ein wichtiger Lebensbereich. Daraus ergibt sich logischerweise, dass die Entwicklung eines Kindes davon nur profitieren kann, wenn diese beiden Lebensbereiche ineinandergreifen, sich aufeinander abstimmen und gemeinsam einen Weg finden, der für alle mindestens akzeptabel ist. Kinder leiden darunter, wenn Eltern und Einrichtung ein schlechtes Verhältnis zueinander haben oder dem Kind gegenüber komplett unterschiedliche Erziehungsvorstellungen umsetzen.

Erzieher brauchen Eltern an ihrer Seite, um den Lebensbereich »Familie« eines Kindes kennenzulernen und damit das einzelne Kind besser verstehen zu können. Man kann ein Kind nie losgelöst von seiner Familie betrachten. Gleichzeitig brauchen Eltern Erzieher, um zu erfahren, womit sich ihr Kind in der Einrichtung beschäftigt, welchen Bildungsbedürfnissen es dort nachgeht sowie als aktive / beratende Partner bei möglichen Erziehungsschwierigkeiten. Eltern sind Experten für ihr Kind, Erzieher sind Experten für die Inhalte ihres Berufes. So weit die Theorie.

Jeder Mensch, der bereits irgendeine Partnerschaft eingegangen ist, weiß, dass die Praxis nie so einfach und logisch ist wie die Theorie. Wenn Partnerschaften leicht wären, hätten wir nicht die Scheidungsrate, die wir nun mal haben. Einfach scheiden lassen oder mal kurz Zigaretten holen gehen funktioniert in der Kita aber nicht. Egal wie wenig Spaß einem die ein oder andere Erziehungs- und Bildungspartnerschaft macht, sie muss aufrechterhalten werden. Weil das nun mal Teil des Berufes ist. Und irgendwie muss man für sich selbst einen Weg finden, um auch der anstrengendsten Partnerschaft jeden Tag wieder eine neue Chance zu geben. Damit meine ich eine wirkliche, ehrliche Chance. Denn halbherzige Handlungen bringen beruflich so viel, wie sie in privaten Beziehungen auch bringen – gar nichts. Nur mit viel Geduld, Verständnis, Akzeptanz, Toleranz, Aufrichtigkeit und Kommunikationsbereitschaft kann es funktionieren.

Weil es wichtig ist, dass intelligente und feinfühlige Menschen Erzieher werden

Kinder brauchen in ihrer Entwicklung im Allgemeinen und vor allem in der wichtigen Phase der frühen Kindheit vernünftige, liebevolle, intelligente und feinfühlige Menschen, die sie begleiten.

In einem Beruf, in welchem es um die Arbeit mit Menschen geht, wird trotz aller nötigen Professionalität und dem damit verbundenen Fachwissen auch immer das Herz und die Persönlichkeit der einzelnen Person eine wichtige Rolle spielen. Gerade deswegen sollte man jedoch aufpassen, dass die Bedeutung der Professionalität dabei nicht vergessen wird. Wir brauchen keine netten, aber ungebildeten Erzieher. Es geht nicht um Basteln und Gitarre spielen.

Immer wieder spürt man in unserer Gesellschaft, dass in dem Erzieherberuf hauptsächlich eine berufliche Version der Mutterrolle gesehen wird. Dabei erfolgt die Qualifikationszuschreibung anscheinend nur aufgrund des Geschlechtes und nicht aufgrund von Fachlichkeit. Der alte Irrglaube, dass der Beruf der Erzieherin eine mutternahe Tätigkeit sei und deshalb kaum eine Qualifikation nötig macht, hält sich leider weiterhin standhaft. Das wurde auch 2012 erneut deutlich, als die Ministerinnen Ursula von der Leyen und Kristina Schröder die unglaublich tolle Idee hatten, die arbeitslosen Schleckerfrauen zu Erzieherinnen umzuschulen – pah! Ganz nach dem Motto: Wer braucht schon einen guten Schulabschluss und eine Ausbildung, wenn es doch nur darum geht, eine Frau zu sein? Absoluter Unsinn. Dieser Vorschlag war einfach nur peinlich und beschämend – statt eine Akademisierung des Erzieherberufes voranzutreiben, wie sie in den meisten anderen Ländern der EU bereits Standard ist, wird es plötzlich fast jedem zugetraut, qualitativ hochwertige Bildungsarbeit zu leisten. Ein Schlag ins Gesicht, für alle kompetenten Erzieher.

In der Fachwelt hat sich das Bild vom Kind und das damit verbundene Verständnis von Bildung verändert. Durch verschiedene Erkenntnisse der Entwicklungspsychologie sowie der Neurobiologie erkennt man heute das hohe Bildungspotenzial im frühen Kindesalter. Bildung wird dabei als ko-konstruktiver Prozess verstanden – also als Selbstbildung im sozialen Kontext. Kinder brauchen Menschen an ihrer Seite, zu denen sie eine stabile Bindung haben. Menschen, die sie in ihren Bildungsprozessen und ihrer kindlichen Aneignungstätigkeit sehen und unterstützen.

Natürlich braucht es dazu nette und liebevolle Menschen. Aber eben vor allem auch Menschen, die dabei gleichzeitig intelligent genug sind, die fachlichen Anforderungen zu erfüllen, welche der Beruf der Erzieherin mit sich bringt.

27. GRUND

Weil unser Beruf eine lange Geschichte hat

Zur Zeit der Industrialisierung trennten sich die Arbeitsstätten und Wohnstätten der Menschen. Das hatte Auswirkungen auf das komplette Familienleben und damit auch auf die Kinderbetreuung. Diese konnte nun nicht mehr wie bisher auf dem Land von den verschiedenen Generationen der kompletten Familie übernommen werden. Wenn die Kinder nicht selbst auch arbeiten mussten, blieben sie größtenteils sich selbst überlassen. Um der Verwahrlosung der Kinder entgegenzuwirken, wurden sogenannte »Bewahranstalten« gegründet. Die Betreuerinnen, die in diesen Anstalten arbeiteten, waren meistens Lehrerinnen ohne Stelle, Ordensschwestern oder Frauen ohne Beruf. Es gab also keine Ausbildung für die Betreuerinnen, genauso wenig wie es ein bestimmtes pädagogisches Erziehungsziel gab. Es ging nur darum, die Kinder zu betreuen und vor Gefahren zu schützen.

In den nächsten Jahren des 19. Jahrhunderts entwickelten sich verschiedene Formen der Einrichtungen. Während die evangelischen Kleinkindschulen und die katholischen Kleinkinderbewahranstalten neben der reinen Betreuung nun auch auf die Schule und auf das Berufsleben vorbereiten wollten, entstand 1840 der erste »Kindergarten«, gegründet von Friedrich Fröbel. Fröbels Idee des Kindergartens beinhaltete bereits ein erstes pädagogisches Konzept und die damit verbundene Erweiterung von reiner Betreuung zur Bildung und Erziehung. Er erkannte das kindliche Spiel als Lernmethode und prägt bis heute die Pädagogik mit seinen Spielmaterialien.

Zeitgleich entwickelte man die ersten Ausbildungen für die Betreuerinnen in den verschiedenen Einrichtungen. Die Ausbildungsdauer sowie die Ausbildungsinhalte unterschieden sich je nach Einrichtung. Man konnte Kleinkindlehrerin oder Kindergärtnerin werden. Aus dieser Zeit stammt also diese heute so unpassende Berufsbezeichnung. Auch wenn es damals schon Bestrebungen der Pädagogen gab, die verschiedenen Formen der vorschulischen Kinderbetreuung an das Schulwesen anzugliedern, gelang diese Zusammenführung nicht, da die Landesregierungen das zu verhindern wussten. Durch die weitere Trennung von Vorschulbereich und schulischem Bereich sparte man sich die Kosten für den Vorschulbereich, da dieser weiterhin von freien Trägern übernommen wurde. Man verbat sogar das Lehren von Schreiben, Rechnen und Lesen im vorschulischen Bereich.

Erst im deutschen Kaiserreich wurde die Ausbildung der Arbeiterinnen dann der staatlichen Aufsicht unterworfen. 1911 gab es die erste Prüfungs- und Ausbildungsordnung für die einjährige Ausbildung zur Kindergärtnerin. Gleichzeitig näherten sich die unterschiedlichen Einrichtungen bezüglich ihrer Inhalte immer mehr an.

1922 wurde in der Weimarer Republik nach einigen Diskussionen die Trennung von Schule und Vorschule erneut bestätigt und nun auch gesetzlich festgehalten. Der Begriff »Kindergarten« setzte sich durch. Dieser wurde durch das Reichs-Jugend-Wohlfahrts-Gesetz dem Jugendhilfebereich zugeordnet.

1930 wurde die Ausbildung zur Kindergärtnerin mit der Ausbildung zur Hortnerin zusammengelegt und auf die Dauer von zwei Jahren festgelegt. Während der NS-Zeit wurde der Beruf der Kindergärtnerin von den nationalsozialistischen Zielen gesteuert. Gleichzeitig wurde der Beruf als Frauenberuf gesellschaftlich anerkannt.

In der Nachkriegszeit wurde der Kindergarten dem Schulwesen zugeordnet – jedoch nur in der DDR. Zeitgleich blieb die Zuordnung zum Jugendhilfebereich in der BRD weiterhin bestehen. Hier haben wir also den Ausgangspunkt des ganzen heutigen Schlamassels. Schon damals wollte man im Schulwesen lieber Geld sparen, als den Vorschulbereich anzugliedern und auch diesen zu finanzieren. Das bedeutete gleichzeitig, dass der Kindergarten weiterhin seinen hauptsächlichen Betreuungscharakter behielt und der Bildungsgedanke keine große Rolle spielte. 1967 folgte dann die bundesweite Einführung des Berufes »staatlich anerkannte Erzieherin«, welcher seit diesem Zeitpunkt an Fachschulen ausgebildet wird. Nach und nach bekam der Kindergarten durch gesellschaftliche Ereignisse wie den Sputnik-Schock und später den PISA-Schock einen Bildungsauftrag. Seit einigen Jahren besteht nun die Akademisierungs-Diskussion, in welcher gefordert wird, dass die Ausbildung von Erzieherinnen nicht mehr an Fachschulen, sondern an Hochschulen stattfinden soll.

Weil wir unsere Arbeit an
einem Bildungsplan orientieren

In allen 16 Bundesländern Deutschlands wurden seit Anfang 2001 Bildungspläne für die pädagogische Arbeit in Kindertagesstätten entwickelt. Ausschlaggebend dafür waren unter anderem die schlechten Ergebnisse der PISA- und IGLU-Studien und die darauf folgende gesellschaftliche Aufmerksamkeit für die Bedeutung frühkindlicher Bildung.

Inzwischen hat jedes Bundesland einen eigenen Bildungsplan entwickelt bzw. diesen auch schon wieder überarbeitet. Durch die Bildungspläne wurde der pädagogische Bildungsauftrag (neben Erziehung und Betreuung) der Kindertagesstätten erneut betont und für die Praxis konkretisiert. Die unterschiedlichen Bildungspläne sind sich zwar in vielen Punkten ähnlich, aber da Bildung in Deutschland Ländersache ist, unterscheiden sich die einzelnen Bildungspläne in ihren Schwerpunkten auch voneinander. Manche Bildungspläne sind nur einige Seiten lang, andere füllen Hunderte Seiten. Gemeinsam haben fast alle Bildungspläne jedoch, dass sie keine verbindliche Vorgabe, sondern eine Empfehlung sind. An dieser Stelle wird der Unterschied zu den Lehrplänen der Schule deutlich.

Obwohl die Bildungspläne nicht verpflichtend umgesetzt werden müssen, bieten sie einen guten Überblick über die verschiedenen Bildungsbereiche einer Kita und werden im Allgemeinen positiv von den verschiedenen pädagogischen Fachkräften gesehen und angenommen. Es geht in den Plänen um das grundsätzliche Bild des Kindes, die Bildungs- und Erziehungsziele und die unterschiedlichen Kompetenzen, welche die Kinder erwerben sollen, und die Aufgabe der Erzieherin. Dazu zählen zum Beispiel mathematische, sprachliche, ästhetische, emotionale und soziale Bereiche sowie Beobachtung und Dokumentation, Partizipation, Gestaltung von Übergängen, die Zusammenarbeit mit den Eltern und vieles mehr.

Weil wir eine hohe Fachkompetenz erlernen

Nein – Basteln, Gitarre spielen und im Stuhlkreis singen sind keine wichtigen fachlichen Kompetenzen einer Erzieherin. Dementsprechend ist das auch nichts, was man in der Ausbildung lernen muss. Es kann in der Kindertagesstätte zwar nicht schaden, wenn man das alles gut kann – es ist aber eindeutig nur Mittel zum Zweck und damit nicht bezeichnend für den Kern der pädagogischen Arbeit. Wenn ich Bastelideen brauche, dann öffne ich auf meinem Handy die App mit dem rot-weißen Logo und dem großen »P«. Denn in meinen Unterlagen und Fachbüchern aus der Ausbildung werde ich dazu kaum etwas finden.

Innerhalb der Ausbildung müssen verschiedene Module bestanden werden. In Rheinland-Pfalz waren das in meiner Ausbildung die folgen 14 Lernmodule:

1. Eine professionelle Haltung in der Berufsausbildung entwickeln
2. Kommunikation, Lern- und Arbeitstechniken
3. Berufsbezogene Kommunikation in einer Fremdsprache
4. Erziehungs- und Bildungsauftrag im gesellschaftlichen Kontext umsetzen
5. Entwicklungsprozesse beobachten, reflektieren und dokumentieren
6. Ganzheitliche Entwicklung in den Bereichen Gesundheit und Bewegung fördern und lebenspraktische Tätigkeiten anleiten
7. Bildungsprozesse anregen und unterstützen

8. Persönlichkeitsentwicklung durch ästhetische Erziehung, kreatives Gestalten, Musik und Rhythmik fördern
9. Prozesse religiöser Bildung und Erziehung gestalten (Religion/ Religionspädagogik)
10. Erziehungs- und Bildungsprozesse in Kindertagesstätten gestalten
11. Erziehungs- und Bildungsprozesse in der Kinder- und Jugendarbeit und in den Hilfen zur Erziehung gestalten
12. Erziehungs- und Bildungsprozesse in der Arbeit mit beeinträchtigten Kindern, Jugendlichen und Erwachsenen gestalten
13. Abschlussprojekt
14. Regionalspezifisches Lernmodul (Wahlpflichtmodul)

Diese Module werden einzeln benotet und dann miteinander verrechnet, was die Abschlussnote ergibt. Zusätzlich wird man auch von der Praxisstelle, in welcher man zu dieser Zeit arbeitet und ausgebildet wird, benotet. Auch diese Note fließt mit in die Abschlussnote ein.

Im letzten Jahr der Ausbildung belegt man das Modul »Abschlussprojekt«. Dabei beobachtet man die Kinder, um ihre aktuellen Bildungsthemen und Bedürfnisse zu erkennen, und entwickelt dann daraufhin ein passendes Projekt, welches man über einige Monate durchführt. In meinem Fall lautete das Projekt »Sinneserfahrungen und Lernprozesse im U3-Bereich« und beschäftigte sich mit verschiedenen Sinnes- und Materialerfahrungen. Dabei wird man in der Praxis von einer erfahrenen Erzieherin begleitet, welche den Anleiterschein besitzen muss. Gleichzeitig fertigt man für die Fachschule eine schriftliche Ausarbeitung an. Darin beschreibt man die Beobachtungen, die Ziele und die verschiedenen Angebote, welche man durchgeführt hat. Am Ende reflektiert man die eigene Arbeit. Dieses Projekt stellt man dann in einem Kolloquium in der Fachschule vor. Ein wichtiger Teil dieses Projektes besteht aus der theoretischen Auseinandersetzung. Darin sollten die fachlichen Grundlagen des pädagogischen Handelns ersichtlich sein. Es interessiert also niemanden wirklich, was man da nun genau gebastelt hat. Sondern warum man gebastelt hat, warum man genau mit dieser Gruppe von Kindern gebastelt hat, was daran für die Kinder von Bedeutung war und welche pädagogischen Ziele man sich dabei gesetzt hat.

Es wird immer viel Wert darauf gelegt, womit man sich in der Reflexion beschäftigt. Erkennt man die eigenen Fehler? War man innerhalb des Projektes bereit den geplanten Weg zu ändern, nachdem man eine Fehleinschätzung festgestellt hatte? Professionalität besteht eben auch darin, dass man bereit ist, reflektiert die Richtung zu ändern.

30. GRUND

Weil Pädagogik auch immer Detektivarbeit ist

Etwas sehr Wichtiges, was Erzieherinnen an der Fachschule lernen, ist der Systemische Ansatz. Dabei geht es darum, dass man niemals nur das Kind und dessen Verhalten betrachtet, sondern immer das komplette System um das Kind herum. Ein Kind lebt in verschiedenen Systemen. Das erste und wohl bedeutendste System ist das Familiensystem. Dazu gehören sowohl alle beteiligten Personen, aber auch Dinge wie Kultur, Religion oder Medieneinfluss. Auch die Kita stellt ein eigenes System dar.

Man sieht das Kind als Symptomträger eines Systems. Zeigt ein Kind Verhaltensauffälligkeiten, zeigt es damit, dass etwas in seinem Familiensystem nicht stimmt. Das Verhalten ist also ein Hilferuf, ein Signal dafür, dass in dem System des Kindes etwas gelöst werden muss. Gleichzeitig dient das Verhalten dem Kind als Ventil. Durch sein Verhalten kann es die vorhandene Problematik der Familie besser ertragen.

Wenn die verschiedenen Systeme, in denen ein Kind lebt, sehr gravierende Unterschiede aufzeigen, geraten Kinder schnell in einen Loyalitätskonflikt. Ein Grund mehr für die Erziehungs- und Bildungspartnerschaft zwischen Kita und Eltern des Kindes. Je näher sich die beiden Systeme sind, desto leichter wird es für das Kind.

Die kindlichen Verhaltensauffälligkeiten können in ganz unterschiedlichen Bereichen auftreten: im Sozialverhalten, in der emotionalen / körperlichen / motorischen Entwicklung oder in der Sexualentwicklung. Manche Kinder zeigen Angst, andere zeigen Aggressionen. Die Bandbreite ist groß, und die Kombinationen der verschiedenen Auffälligkeiten sind immer individuell geprägt.

Vor allem, wenn die Familie die Probleme, die zum Verhalten des Kindes führen, nicht wahrhaben oder bearbeiten will, wird es schwierig. Denn dann bekommt das Kind den Schwarzen Peter zugeschoben, so als sei das Familiensystem wunderbar in Ordnung und nur das Kind selbst sei das Problem.

Grundsätzlich bedeutet der Systematische Ansatz für die pädagogische Haltung einer Erzieherin Folgendes:

Wir gehen davon aus, dass das Verhalten eines Kindes begründet ist. Ein Kind verhält sich also nicht einfach nur so auffällig, es hat immer einen Grund dafür. Dieser Grund ist in den Systemen des Kindes zu finden. Um ihn zu finden, müssen wir die Systeme des Kindes, vor allem das Familiensystem, kennen. Meistens besteht die Problematik aus verschiedenen Faktoren, deshalb müssen wir immer den Gesamtzusammenhang betrachten. Selten gibt es die eine Wahrheit. Viele Faktoren bedingen sich gegenseitig. Um an den Kern des Problems zu kommen und dem Kind (und seinem System) helfen zu können, ist eine gute Beobachtungsgabe notwendig. Ein bisschen wie bei einem Detektiv eben, nur ohne heimliches Rumgeschnüffel.

Der Alltag in der Kita mit einem Kind mit Verhaltensauffälligen kann sehr kräftezehrend und zermürbend sein. Man muss als Fachkraft darauf achten, die betroffenen Kinder nicht einfach als auffällig abzutun und zu verurteilen. Nicht das Kind ist auffällig, es ist sein Verhalten, das auffällig ist. Trotzdem bringt jedes Kind auch positive Eigenschaften und Ressourcen mit, die gesehen und gestärkt werden wollen.

In schweren Momenten hilft mir dann der Gedanke, dass ein Kind mit Verhaltensauffälligkeiten eigentlich ein tolles und mutiges Kind ist. Denn es ruft nach Hilfe für sein System. Es ruft: Hier stimmt etwas nicht. Hilf mir, hilf uns. Und damit ist es wahrscheinlich vernünftiger als viele Erwachsene des Systems.

31. GRUND

Weil man so viel über die eigene Sprache lernt

»Sei vorsichtig damit, wie du mit deinen Kindern redest, eines Tages wird es zu ihrer inneren Stimme.«
PEGGY O'MARA

In unserem Beruf spielt die Sprache eine unglaublich große Rolle. Sowohl in der Ausbildung als auch auf Fortbildungen und vor allem in der Berufspraxis. Wir kommunizieren mit Kindern, Eltern, Kollegen, Vorgesetzten, dem Träger und verschiedenen kooperierenden Institutionen.

In der Fachschule lernt man Unmengen über Kommunikation und fragt sich, ob das alles wirklich nötig ist. Es geht dabei um die schriftliche Kommunikation mit Eltern, also die Gestaltung und den Inhalt von Elternbriefen, Aushängen und Infowänden. Optisch ansprechend und inhaltlich leicht verständlich sollen sie sein. Gerade mit dem Blick auf die interkulturelle Arbeit müssen Wege gefunden werden, wie man auch Eltern, die kein Deutsch sprechen, erreichen kann.

Verschiedene Techniken der Gesprächsführung wie das aktive Zuhören, Feedback geben, der Sinn von Ich-Aussagen und die Axiome von Paul Watzlawick werden an die zukünftigen Erzieher vermittelt. Man beschäftigt sich mit verbaler und nonverbaler Sprache sowie mit möglichen Kommunikationsstörungen.

Man lernt die verschiedenen Arten von Gesprächen (Erstgespräch, Tür-und-Angel-Gespräch, Entwicklungsgespräch und Beschwerdegespräch) kennen und übt diese auch in Kleingruppen.

Klingt ziemlich trocken und langweilig? Ist es im ersten Moment auch. In der Fachschule hat so mancher gestöhnt bei diesem Thema. Aber einmal in der Berufspraxis angekommen, wird einem unvermeidbar bewusst, welcher große Schatz dieses Wissen ist. Und welche große Aufgabe. Mit unserer Sprache steht und fällt so einiges. Unsere Verbindung zu den Kindern, unser Kontakt zu den Eltern und unsere Position im Team. Ohne Übung und Reflexion ist eine gute Kommunikation nach all den Regeln und Vorgaben nicht möglich. Perfektion wird man wohl kaum erreichen können, doch es lohnt sich am Ende wirklich, sich immer anzustrengen und bereit zu sein, die eigene Sprache auch zu hinterfragen.

Bas Böttcher schreibt in seinem Poetry Slam *Die Macht der Sprache* Folgendes:

>*Und erweitert der Mensch seine sprachlichen Möglichkeiten,*
>*dann erweitert die Sprache die menschlichen Möglichkeiten.*
>*Das macht die Sprache – die Macht der Sprache.*«

Die Sprache erweitert unsere menschlichen Möglichkeiten. Genau wie unsere beruflichen Möglichkeiten als Erzieherin. Aber nur, wenn wir die Macht über unsere eigene Sprache haben.

Weil wir viel Allgemein-
wissen brauchen

Böse Zungen behaupten über Erzieher das, was sie meistens auch über Grundschullehrer behaupten. Nämlich, dass wir dem Bildungsstoff der Kinder immer nur eine Woche voraus sind. Pah!

So was können ja nur Menschen sagen, die selbst noch nie mit jüngeren Kindern gearbeitet haben. Ähnlich wie die Grundschullehrer, die alle Fächer unterrichten sollen, müssen wir in den verschiedensten Bereichen Wissen haben statt nur in einzelnen Fächern.

Von Natur über Mathematik bis hin zur Sprachentwicklung muss uns alles vertraut sein. Ob wir das einzelne Thema nun persönlich mögen oder nicht, ist dabei erst einmal egal. Auch politisches Allgemeinwissen, um zu verstehen, wie wer und was unseren Berufsstand beeinflusst, sollte ebenfalls selbstverständlich sein. Dazu kommt das Wissen über verschiedene Kulturen, Religionen und deren Besonderheiten.

Und trotzdem stellen Kinder uns Fragen, die wir nicht beantworten können. Nicht weil wir eine Wissenslücke haben. Niemand könnte das einfach so. Denn die Fragen der Kinder überraschen, überrumpeln und verwundern uns. Sie lassen uns darüber nachdenken, wie viel wir Kindern von unserer Welt schon zumuten können, wie wir auch schwierige Themen kindgerecht erklären können, ohne Überforderung und Ängste auszulösen. Kinder stellen Fragen, mit denen wir nicht immer rechnen können, weil sie eine Sicht auf die Welt haben, die wir Erwachsene längst verloren haben.

Zu unserem Allgemeinwissen gehört aber auch, genau zu wissen, in welchen Momenten wir Kindern keine erklärende Antwort geben sollten. Damit wir Kinder dabei unterstützen, sich selbst Wissen anzueignen.

Weil wir beobachten – und nicht animieren

Der Unterschied zwischen meinem Job in der Kinderanimation eines großen Reiseveranstalters und meinem Job als Erzieherin? Ein gewaltiger! Auch wenn es für Außenstehende ziemlich ähnlich aussieht: eine Frau – viele Kinder – alle spielen. Aber nein, so einfach ist das nicht. Der große Unterschied ist, dass wir in der Kita beobachten und nicht animieren. Pädagogik ist absolut keine Animation.

Es geht in der pädagogischen Arbeit nicht darum, seine eigenen Vorlieben auszuleben. Also nur, weil eine Erzieherin ein eigenes Pferd hat, heißt das noch lange nicht, dass sie in der Kita mit den Kindern ein Projekt über Pferde machen kann. Denn es geht um die Bildungsthemen der Kinder – also um das, was die Kinder gerade interessiert, welche sensible Phase sie gerade durchleben, was sie gerade bereit sind zu lernen.

Die Grundlage der Pädagogischen Arbeit ist die Beobachtung der Kinder – dabei erfahren wir ganz verschiedene Dinge:

◇ den Entwicklungsstand des Kindes
◇ die Fragen (also das aktuelle Bildungsthema) des Kindes an seine Umwelt
◇ wir sehen das Kind ganzheitlich, aber auch einzelne Bereiche, die wir uns genauer ansehen möchten, wie zum Beispiel die Sprache oder die Feinmotorik
◇ wir erleben die Interaktionen zwischen dem einzelnen Kind und anderen Kindern, bzw. der Gruppe

◇ wir haben die Chance, das Kind besser zu verstehen und einschätzen zu können

Beobachtung bedeutet nie, dass wir Kinder heimlich ausspionieren. Beobachtung und die damit verbundene Dokumentation bedeutet Aufmerksamkeit und Wertschätzung dem einzelnen Kind gegenüber. Denn unser Blick ist dabei immer ressourcenorientiert. Wir achten also darauf, was das Kind schon alles gut kann, woran es Interesse und Freude hat und wo wir es noch weiter unterstützen können. Es geht auf keinen Fall darum, dass wir die Schwächen der Kinder finden und fokussieren wollen – das wäre der komplett falsche Ansatz. Nicht immer ist das Verhalten eines Kindes für Erwachsene logisch nachvollziehbar. Beobachtung hilft uns dabei, ein Kind besser zu verstehen. Die Beobachtungen werden notiert. Es wird ganz neutral und wertfrei aufgeschrieben, was das Kind gerade macht und sagt. Ohne eigene Interpretation oder Deutung von den Erziehern.

Die Beobachtungen können auch mit den Kindern zusammen besprochen und zusätzlich mit Fotos oder Videos dokumentiert werden. Aus mehreren Beobachtungen kann eine Lerngeschichte entstehen, welche die verschiedenen Kompetenzen des Kindes aufzeigt und seine bisherigen Lernfortschritte deutlich macht.

Es ist hilfreich, wenn mehrere Kollegen ein Kind beobachten und sich dann darüber austauschen. Denn schließlich sind wir alle nur Menschen und somit selbst auch individuell geprägt durch unsere eigene Kindheit und unsere bisherigen Erfahrungen. Das kann unseren Blick auf ein Kind trüben. Wenn wir die Kinder als Team im Blick haben und uns darüber austauschen, so wird unser Bild des Kindes immer objektiver und vielfältiger. Vielleicht beobachtet eine Kollegin ja etwas, was zuvor in einer anderen Situation gar nicht aufgefallen ist, und liefert somit ein entscheidendes Puzzleteil, um das aktuelle Verhalten des Kindes besser zu verstehen und angemessener darauf reagieren zu können.

Die Beobachtungen dienen uns als Grundlage unserer Arbeit, um unsere pädagogischen Angebote aufzubauen und unsere Raumgestaltung immer wieder zu überdenken und zu verändern.

Weil wir wichtige Entwicklungsgespräche führen

Entwicklungsgespräche werden in der Kita mindestens einmal im Jahr geführt. Dabei setzen sich Erzieher und Erziehungsberechtigte, also meistens die Eltern, zusammen und sprechen über die Entwicklung des Kindes in den letzten Monaten. Es werden die verschiedenen Entwicklungsbereiche betrachtet, das Kind jedoch hauptsächlich ganzheitlich gesehen. Wir sprechen dann mit den Eltern über

◇ »Motorik (Feinmotorik, Grobmotorik)
◇ Soziale Kompetenzen (Selbstbehauptung, Kooperation)
◇ Emotionale Kompetenzen (Sprachlicher Emotionsausdruck, Empathie, Emotionsregulation)
◇ Motivation (Exploration, Aufgabenorientierung)
◇ Sprache und frühe Literacy (Grammatik, Sprachverständnis)
◇ Mathematik (Sortieren, Klassifizieren, Ordnen, Formenkenntnis, Zahlenwissen)
◇ Naturwissenschaften (Forschen, Konstruieren, Bauen, Experimentieren)
◇ Gestalten (Freude am Gestalten, Gestalterische Kompetenzen, Interesse an Kunstwerken)
◇ Musik (Musikalische Interessen und Kompetenzen)
◇ Gesundheit (Gesundheitswissen und -verhalten, Selbstständige Hygiene)

◇ Wohlbefinden und soziale Beziehungen (Psychisches Wohlbefinden, Soziale Beziehungen)«

Das Elterngespräch basiert auf den gesammelten Beobachtungen
und je nach Erzieherin auch auf einem der unzähligen Ent-
wicklungsbögen, die es gibt. Die eben benannten Bereiche sind aus
dem »KOMPIK-Entwicklungsbogen« entnommen, den ich persönlich für sehr gut, wenn auch gleichzeitig sehr umfangreich, empfinde.

All diese Bereiche werden natürlich nicht in jedem Elterngespräch gleichwertig besprochen und abgehakt. Stattdessen werden sie individuell gewichtet. So individuell wie das einzelne Kind
eben ist. So ein Elterngespräch sollte kein Referat der Erzieher für
die Eltern sein, sondern ein offener Austausch auf Augenhöhe. Wie
verhält sich das Kind in dieser oder jener Situation zu Hause? Anders als in der Kita? Hat es zu Hause gerade die gleichen Interessen?
Was beschäftigt es gerade, was erzählt es zu Hause?

35. GRUND

Weil wir auch harte Entwicklungs-
gespräche führen

Manchmal muss man Eltern in solchen Gesprächen Sachen sagen,
die man selbst nicht gerne sagt. Dass wir bei dem Kind starke
Entwicklungsverzögerungen oder Verhaltensauffälligkeiten beobachten konnten. Und dass wir eine Abklärung in einem Sozial-
pädiatrischen Zentrum empfehlen.

So etwas zu sagen ist ziemlich heikel und muss genau im richtigen Ton angesprochen werden, damit Eltern spüren, dass auch wir
nur das Beste für das Kind wollen. Manchmal wollen sie das nicht
hören, was wir zu berichten haben. Weil es menschlich ist, Dinge,

die nicht wahr sein sollen, erst einmal so zu behandeln, als seien sie wirklich nicht wahr. Es ist leichter, den Erzieherinnen vorzuwerfen, dass sie das Kind nicht richtig einschätzen, als sich selbst einzugestehen, dass es eventuell Handlungsbedarf gibt. Die Angst vor einer möglichen Diagnose und den damit verbundenen, befürchteten Folgen ist zu groß.

Da verschließt man als Schutzreaktion lieber die Augen, obwohl man die Wahrheit im eigenen Herzen doch schon längst kennt. Zu schmerzhaft wäre die Erkenntnis. Eltern brauchen dabei Zeit, Verständnis und Begleitung. Das ist menschlich und nachvollziehbar. Wahrscheinlich ist es eine Mischung aus Angst und Trauer, welche die Eltern hemmt. Wer möchte schon, dass das eigene Kind irgendein Problem hat? Natürlich tut das weh. Schließlich hatte man sich das alles sicherlich anders vorgestellt und gewünscht. Die vielen Anforderungen des täglichen Lebens bringen einen bereits an die eigenen Grenzen. Und jetzt auch noch das? Was bedeutet das für mein Kind? Was macht das mit unserem Alltag? Verändert das etwas in unserer Familie oder an der Beziehung zu meinem Partner? Hat eine mögliche Diagnose Folgen für das weitere Leben meines Kindes? Wie reagiert unser soziales Umfeld? Wird mein Kind zum Außenseiter?

Eine Mama, die ich sehr schätze, hat dazu einmal gesagt: »Dass man die Augen verschließt, ist nicht die Lösung. Sondern Augen zu und durch – das steht so im Elternvertrag.« Eine sehr schöne Einstellung. Man hat Verantwortung für sein Kind. Diese Verantwortung schließt auch ein, dass man ihm notwendige Hilfe nicht verwehrt. Es gibt kein Anrecht auf ein gesundes Kind, das Leben ist manchmal unfair und schmerzhaft.

Doch irgendwann muss man eben den eigenen Schmerz zur Seite schieben und die Augen öffnen, um dem Kind bestmöglich zu helfen. Manchmal dauert dieses »Zeit brauchen« nicht nur Wochen oder Monate, sondern Jahre. Dann stellt sich durchaus die Frage, wie sehr man die Entwicklung des eigenen Kindes damit behindert, dass man ihm jahrelang eine passende Behandlung / Therapie vorenthält. Es gibt in der Entwicklung eines Kindes gewisse Zeitfenster für bestimmte Themen. Sogenannte sensible Phasen. In diesen Phasen ist das Kind besonders offen und lernfähig in einem Entwicklungsbereich. Nicht alles kann später noch so gut aufgeholt und gefördert werden, wie man das in der frühen Kindheit kann. Wer zu spät die Augen öffnet, hat möglicherweise wichtige Zeit verloren. Wenn Eltern sich wirklich die komplette Kita-Zeit über weigern, ihrem Kind zu helfen, dann sind Erziehern häufig die Hände gebunden. Eltern entscheiden, ob ein Kind an den passenden Stellen vorgestellt und untersucht wird. Eltern entscheiden, ob eine Behandlung stattfindet. Und Eltern müssen unterschreiben, damit das Kind in der Einrichtung durch eine Integrationskraft begleitet wird. Wenn sie all das nicht tun, dann tun sie es eben nicht, und nichts von all dem passiert. Das ist wohl die große Schwierigkeit in der Erziehungs- und Bildungspartnerschaft: Entscheidungen der Eltern akzeptieren, auch wenn diese sehr offensichtlich nicht die besten Entscheidungen für die Entwicklung des Kindes sind. Das kann sehr kräftezehrend sein. Dann verharren wir jahrelang in einer schwierigen Situation. Wir haben 25 Kinder in zu kleinen Gruppenräumen mit zu wenig Personal. Wenn dazwischen ein Kind ist, dessen Eltern jegliche Mitarbeit verweigern, dann wird es richtig anstrengend. Dann leisten wir 1:1-Betreuungen, die wir einfach nicht leisten können, wenn wir allen Kindern gerecht werden wollen. In solchen Momenten frage ich mich, wie eine Erziehungs- und Bildungspartnerschaft auf Augenhöhe funktionieren soll, wenn die Eltern rechtlich einfach am längeren Hebel sitzen. Es müsste doch zumindest möglich sein, dass die Einrichtung auch ohne das Einverständnis der Eltern eine Integrationskraft beantragen kann. Denn auch wenn die Eltern nicht möchten, dass ihr Kind speziell gefördert wird, muss zumindest gewährleistet sein, dass den anderen Kindern der Gruppe daraus kein Nachteil entsteht. Und diesen entsteht ganz eindeutig ein Nachteil, wenn permanent eine Erzieherin für ein einzelnes Kind »abgestellt« werden muss.

Leider gilt wohl …

> »*Eine Wahrheit kann erst wirken,*
> *wenn der Empfänger reif für sie ist.*«
> CHRISTIAN MORGENSTERN

Manchmal sind Eltern erst bereit, sich mit der Wahrheit zu beschäftigen, wenn die Schulzeit immer näher rückt oder ein Lehrer nach der Einschulung das Gespräch sucht. Schade!

36. GRUND

Weil der Moment, in dem eine Mutter ihr Kind zum ersten Mal alleine bei uns lässt, so besonders und entscheidend ist

Die Eingewöhnungszeit ist für alle Beteiligten eine besondere Herausforderung. Die Eltern müssen uns ihr Kind anvertrauen, wir Erzieher müssen es schaffen, zur Bezugsperson des Kindes zu werden, und das Kind selbst muss bei diesem Übergang eine große Anpassungsleistung vollbringen. Das bedeutet auf der Seite der Eltern erst einmal Aufregung, viele Fragen und Sorgen – und erfordert eine gut vorbereitete Fachkraft. In Gesprächen mit den Eltern und durch das gezielte Einsetzen von Fragebögen lernt man sich gegenseitig besser kennen und sammelt Informationen über das Kind.

In unserer Einrichtung lehnt sich die Gestaltung der Eingewöhnung an das Berliner Modell an – so wie in vielen anderen Einrichtungen in Deutschland auch. Das Berliner Modell nach IN-

FANS (Institut für angewandte Sozialisationsforschung/frühe Kindheit e. V.) bietet einen Rahmen für die Zeit der Eingewöhnung von Kindern unter drei Jahren unter Berücksichtigung der Beziehung des jeweiligen Kindes zu seinen Eltern. Dabei läuft natürlich trotz Plan jede Eingewöhnung individuell ab, denn schließlich sind jedes Kind und jede Familie anders.

Aber irgendwann kommt er bei jedem Kind: der Moment, in dem die Mutter zum ersten Mal den Raum verlässt und ihr Kind mit der Erzieherin alleine lässt. In der Regel passiert das am vierten Tag der Eingewöhnung, zuvor hat man als Erzieherin bereits drei Tage lang jeweils eine Stunde mit Kind und Mutter in einem Raum verbracht und gespielt, um sich kennenzulernen und eine erste Bindung aufzubauen. Die Trennung von der Mutter zeigt dann, wie stabil die Bindung zwischen der Erzieherin und dem Kind bereits ist. Lässt sich das Kind von der Erzieherin trösten? Vertraut es ihr?

Die wichtigste Regel, die ich dem eingewöhnenden Elternteil für den Moment der Trennung zuvor hoch und runter predige, ist folgende: nicht umdrehen, auf keinen Fall umdrehen, egal was passiert, nicht umdrehen! Ernsthaft, auf keinen Fall!!! Verabschieden Sie sich kurz von Ihrem Kind, gehen Sie dann zügig aus dem Raum und schließen Sie die Tür – ohne sich auch nur einmal umzudrehen.

Die Erfahrung zeigt: Falls Eltern es nicht schaffen, sich an diese Regel zu halten, hat man eigentlich schon so gut wie verloren. Es ist utopisch, wenn Eltern erwarten, dass ihr kleines Kind ihnen die Erlaubnis gibt, gehen zu dürfen. Für das Kind ist das eine komplett neue Situation in der Kita, und es ist darauf angewiesen, dass die eigene Mutter Sicherheit ausstrahlt. Indem die Mutter nach dem Verabschieden den Raum verlässt, ohne sich umzudrehen, drückt sie für das Kind aus, dass alles gut ist und es keinen Grund zur Sorge gibt. Bleibt sie jedoch zögernd in der Tür stehen und schaut ihr Kind fragend an, bedeutet das für das Kind, dass hier gerade eine ungute und gefährliche Situation stattfindet, der selbst die Mutter nicht traut. Das Kind wird dann natürlich nicht bei der Erzieherin sitzen bleiben, sondern sofort die Nähe der Mutter, des schützenden Hafens, suchen.

Das muss man Eltern zuvor ganz klar erklären, damit sie verstehen, dass es in diesem Moment richtig ist, einfach aus dem Raum zu gehen – auch wenn das Kind weint. Denn nur so können wir Erzieher überhaupt beobachten, ob sich das Kind von uns beruhigen lässt. Das ist entscheidend für unsere weitere Planung und Gestaltung der Eingewöhnungszeit. Der Moment der ersten Trennung ist also ein ganz entscheidender und sollte gut vorbereitet und bewusst durchgeführt werden.

Eltern sollten sich nie heimlich aus dem Raum schleichen – und Erzieher sollten nie auf die Idee kommen, so etwas zu fordern! Denn heimlich gehende Eltern und von Spielzeug abgelenkte Kinder haben nichts mit einer Eingewöhnung zu tun. Das ist einfach falsch. Es geht darum, dass das Kind in der Erzieherin eine Bezugsperson findet und erlebt, dass die Eltern zwar gehen, aber auch wiederkommen, um das Kind abzuholen. Und dass es dazwischen keinen Grund zur Panik gibt, denn die Erzieherin ist ja für das Kind da.

37. GRUND

Weil Portfolios wirklich eine tolle Erfindung sind

Das Portfolio (manchmal auch Ich-Buch genannt) eines Kindes gehört ihm selbst. Eine ganzheitliche, wertschätzende Sammlung der kindlichen Stärken, Kompetenzen und Interessen. Es ist die Schatzkiste des Kindes. Deswegen bestimmt auch das Kind selbst, welche Inhalte wichtig genug sind, um einen Platz darin zu finden, und ebenso, welche Personen einen Blick hineinwerfen dürfen.

Das Portfolio ist also ein Ordner, in dem ausgewählte Dokumente der kompletten Kita-Zeit gesammelt werden. Von der Eingewöhnung bis zur Einschulung. Das können Bilder, Zeichnungen, Fotos, eigene Kommentare und Erzählungen sowie Bildungs- und Lerngeschichten und die Beobachtungen der Erzieher sein. An dieser Stelle wird deutlich, warum Beobachtung eigentlich Beachtung ist. Wir beachten die individuelle Entwicklung des Kindes und machen diese auch im Portfolio sichtbar.

Manchmal wird ein Portfolio mit einem lustigen Bilderbuch verwechselt, in welches man eben ein paar nette Bilder von den letzten Ausflügen klebt. Oder in dem die Erzieher ihre Kreativität inklusive schöner Handschrift zur Schau stellen. Das läuft dann jedoch eindeutig am Ziel vorbei.

Das Kind selbst soll mit zunehmendem Alter immer mehr zum Autor und Verfasser seines Portfolios werden. Es entscheidet, welche Situationen fotografiert werden und was dazu aufgeschrieben wird. Wenn die Erzieherin etwas für das Kind schreibt, dann liest sie das dem Kind vor und fragt, ob der Text in das Portfolio soll / darf.

In den allermeisten Fällen stimmen die Kinder zu, denn sie spüren die wohlgesinnte Beachtung der Erzieherin, die hinter dem Text steckt. Außerdem sind Kinder stolz darauf, was sie geschafft haben, und möchten gerne, dass dieses Schaffen in ihrem Portfolio verewigt ist. Dabei geht es gar nicht immer darum, dass ein Kind eine Herausforderung gemeistert hat. Vielleicht hat das Kind sie noch nicht vollständig geschafft, aber es hat ungewöhnlich lange daran gearbeitet, getüftelt und sich angestrengt. Diese Beobachtung ist sehr wertvoll, auch ohne das endgültige Lösen der Herausforderung. Und es ist wichtig, dass das Kind die passende Rückmeldung dazu bekommt. Die könnte zum Beispiel so aussehen:

Liebe Marie,

heute konnte ich beobachten, wie du in der Bauecke ganz lange an einem Turm gebaut hast. Du hast nicht aufgegeben, obwohl der Turm immer wieder umgefallen ist.

Stattdessen hast du verschiedene Möglichkeiten ausprobiert, um ihn stabiler zu bauen. Ich kann mir vorstellen, dass das bestimmt ganz schön anstrengend war, oder?

Ich finde es toll zu sehen, wie lange du dich mit einer schwierigen Sache beschäftigen kannst und wie viele Ideen du zum Bauen hast.

Deine Frau Weisbrod

Das Kind selbst zum Autor werden lassen, bedeutet auch aushalten zu können, dass die einzelnen Seiten eben so aussehen, wie das Kind das möchte. Und das muss nicht immer mit dem ästhetischen Empfinden der Erwachsenen übereinstimmen. Auch sprachliche Fehler werden von den Erziehern nicht verbessert, sondern genauso aufgeschrieben.

So sieht man mit der Zeit doch genau daran die Entwicklung der kindlichen Sprache. Und es zeigt sich, was wirklich für das Kind persönlich bedeutsam war. Vielleicht will es die Bilder von seinem Geburtstag zwar in seinem Portfolio haben, will dazu aber nichts erzählen bzw. aufgeschrieben haben. Dafür möchte es zu einem anderen Foto ganz viel erzählen und die Seite dazu noch weiter gestalten. Das Gestalten des Portfolios gibt einen schönen Sprechanlass zwischen Kind und Erzieherin. Wieder eine Situation mehr, um das Kind besser kennenzulernen, seine Interessen wertzuschätzen und sich beim Kind rückzuversichern: Stimmen meine Beobachtungen? Hast du die Situation so empfunden, wie ich sie gesehen habe? Oder war das für dich ganz anders? Erzähl mal!

Durch das Portfolio kann man Kinder auch ganz wunderbar altersgerecht in Elterngespräche miteinbeziehen. Mit Stolz zeigen die Kinder ihren Eltern die Sammlung ihrer Stärken und wichtige Momente aus ihrer Kita-Zeit.

Letztens habe ich Marie dabei fotografiert, wie sie einige andere Kinder der Kita geschminkt hat. Das macht sie immer ganz sorgfältig und mit stundenlanger Ausdauer. Es ist wirklich eine Freude, ihr dabei zuzusehen.

Das Foto dazu hat sie auf eine Seite geklebt, um es in ihr Portfolio zu heften. Um das Bild herum hat sie viele verschiedene Schminkfarben und Pinsel gemalt. Dann sagte sie zu mir: »Schreib noch auf, Marie ist eine Schminkerin und Haare Macherin«, bevor sie das Blatt stolz meinen Kolleginnen und ihren Freundinnen zeigte.

Weil wir Kindern in Notsituationen helfen

Blaue Flecken und aufgeschürfte Knie gehören zur Kindheit dazu. Hier ein Sturz mit dem Roller, da eine Schramme vom Klettern auf dem Baum. Doch nicht alle Verletzungen, die Kinder haben, stammen vom normalen Spielen. Manchmal leiden Kinder unter den verschiedensten Formen von Gewalt. Und brauchen jemanden, der ihre Not sieht und ihnen hilft.

Die pädagogischen Mitarbeiter einer Kindertageseinrichtung übernehmen dabei einen entscheidenden Beitrag zum Kinderschutz in Deutschland. Seit 2005 regelt der §8a im SGB VIII den »Schutzauftrag bei Kindeswohlgefährdungen« und die damit verbundenen Handlungen der Erzieherinnen.

Das setzt als Allererstes voraus, dass Erzieherinnen überhaupt dazu bereit sind, verschiedene Anhaltspunkte für eine mögliche Kindeswohlgefährdung wahrzunehmen. Eine »In unserem Dorf passiert sowas doch nicht«-Haltung ist dabei weder angebracht noch realistisch.

Im Jahr 2016 starben in Deutschland laut Polizeilicher Kriminalstatistik 133 unter 14-jährige Kinder an den Folgen von Gewalt. Davon waren 100 Kinder jünger als sechs Jahre.

Weiterhin gab es 78 versuchte Mord- und Totschlagsdelikte an unter 14-Jährigen, wovon 43 an unter Sechsjährigen stattfanden. 14.296 Taten der versuchten und vollendeten sexuellen Gewalt betrafen unter 14-Jährige.

Davon betrafen 1.702 Fälle unter sechsjährige Kinder. Hinter jedem dieser Fälle steht ein Kind. Ein Kind, dessen Lebensweg einfach beendet oder für immer geprägt wurde.

Und das sind nur die Zahlen des sogenannten »Hellfeldes«. Dabei fehlt die Zahl X all der weiteren Kinder, die man bisher noch nicht in der Kühltruhe oder im Blumenkasten gefunden hat. Und die Zahl all der Kinder, die noch keine Hilfe erhalten haben, deren Leiden vielleicht noch niemand erkannt hat. Es gibt sie also wirklich, die Gewalt gegen Kinder – in den verschiedensten Formen und Ausprägungen.

Im schlimmsten Fall endet sie sogar tödlich. Und sie kann überall sein. Es ist ein fataler Irrglaube, anzunehmen, dass nur Kinder aus sozial schwachen Familien in Großstädten davon betroffen seien – aber auf keinen Fall ein Kind in der eigenen, ländlich gelegenen Kindertagesstätte.

Gewalt lässt sich in den unterschiedlichsten Gesellschaftsschichten finden. Man kann sie aber nur sehen, wenn man grundsätzlich dazu bereit ist, diese Wahrheit zu akzeptieren, und damit den eigenen Blick schärft, ohne dabei panisch und unangemessen misstrauisch zu werden.

Wenn man dann wirklich bereit dazu ist, das zu sehen, was man lieber gar nicht sehen möchte, dann hat man als Erzieherin mit Fällen zu tun, bei denen man nach §8a SGB VIII arbeiten muss. Blinder Aktionismus ist an dieser Stelle kontraproduktiv.

Also gilt es, ruhig und bedacht folgende Schritte des Paragrafen zu befolgen:

1. Bei Anhaltspunkten für eine mögliche Gefährdung eines Kindes müssen die Fachkräfte im Team eine sogenannte Gefährdungseinschätzung vornehmen. Denn viele Augen sehen mehr als zwei. Es gilt also Beobachtungen und Dokumentationen abzugleichen – wobei auch an dieser Stelle wieder deutlich wird: Gute Dokumentation ist alles! Nur zu wissen, dass das Kind »da irgendwann schon mal eine Verletzung hatte« oder ein auffälliges Verhalten gezeigt hat, reicht beim besten Willen nicht aus. Daten und genaue Beschreibungen der Verletzungen oder des auffälligen Verhaltens eines Kindes, Notizen von Tür-und-Angel-Gesprächen und Ähnliches sind in diesem Moment das notwendige Handwerkszeug einer Fachkraft. Nicht von Anfang an alles fachlich richtig zu dokumentieren, kann im schlimmsten Fall bedeuten, dass ein Kind länger in seiner Situation ausharren und leiden muss!

2. Eine insoweit erfahrene Fachkraft (Insofa) beratend hinzuziehen. Diese führt eine Fachberatung in anonymisierter Form durch und unterstützt damit das Team der Einrichtung. Die Insofa selbst macht keine Meldung nach §8a an das zuständige Jugendamt, diese Aufgabe bleibt bei der Einrichtung.

3. Die Erziehungsberechtigten und das betreffende Kind in die Gefährdungseinschätzung miteinbeziehen, wenn dadurch der Schutz des Kindes nicht gefährdet wird. Die Erzieher sollen den Eltern offen und sachlich ihre bisherigen Beobachtungen schildern, ohne dabei wilde Vermutungen oder Vorwürfe zu äußern. Denn auch bei einer wirklichen Kindeswohlgefährdung ist noch lange nicht gesagt, dass die Eltern selbst die Schädiger sind. Vielleicht spielt die Babysitterin, der große Nachbarsjunge

oder der Fußballtrainer eine Rolle? Möglicherweise haben die Eltern selbst bereits ein komisches Bauchgefühl und sind dankbar für die wachsamen Augen der Erzieherin? Vielleicht gibt es auch eine ganz andere Erklärung für die Beobachtungen? Die Erzieherinnen sollen bei den Eltern wenn nötig auf die Inanspruchnahme von Hilfen hinwirken und an die dazu passenden Stellen verweisen.

4. Verweigern die Eltern die Mitarbeit und die Gefahr für das Kind lässt sich nicht abwenden, sind die Fachkräfte dazu verpflichtet, eine Meldung an das zuständige Jugendamt zu machen.

Klingt so weit ziemlich bürokratisch und logisch. Ist in Wahrheit aber nicht ganz so einfach. Denn selbst wenn man als Team geschlossen der Meinung ist, dass es einem Kind in seiner Familie nicht gut geht, dann heißt das leider noch lange nicht, dass sich an der Situation des Kindes zeitnah etwas ändert. Denn solange wir in einem Land leben, das sein Geld im Kinderschutz nicht gerade großzügig ausgibt, werden wir überlastete Jugendämter haben. Und überlastete Jugendämter sind nun mal nicht in der Lage, jedem Kind angemessen zu helfen. Das hat dann jedoch rein gar nichts mit der Qualität der einzelnen Jugendamtsmitarbeiter zu tun, auch wenn das in den Medien gerne mal so reißerisch dargestellt wird.

Viel mehr leiden gerade die Jugendamtsmitarbeiter unter den schlechten Rahmenbedingungen, die ihren Job bestimmen und erschweren. Zu viele Fälle pro Mitarbeiterin führen dazu, dass man sich nur verhalten kann wie bei der Feuerwehr: immer die größten, schlimmsten Brände löschen und hoffen, dass dabei nicht gerade woanders noch etwas passiert.

Erzieher tragen eine unglaublich große Verantwortung im Kinderschutz. Wir sind diejenigen, die sehr früh mit den Familien zusammenarbeiten. Wir sehen die Kinder täglich mehrere Stunden, erleben sie im Alltag auch wenig bekleidet, wir sind Bezugspersonen für sie, und wir haben sowohl rechtlich als auch moralisch die große Aufgabe, ihnen zu helfen, wenn sie unsere Hilfe benötigen.

Das erfordert gut ausgebildetes Personal in allen Einrichtungen, in denen Kinder betreut werden.

39. GRUND

Weil wir keine Hauswirtschaftskräfte sind

Erzieher sind kein All-inklusive-Paket, keine Kombination aus ausgebildeter Mutter, Putzfrau, Gärtnerin, Köchin und Hausmeisterin. Das ist eine Erkenntnis, die sicher den einen oder anderen Träger oder Politiker überraschen wird. Na so was!

Häufig werden Erzieher leider (zumindest für einen Teil des Tages) als Hauswirtschaftskräfte benutzt. Diese verdrehte Denkweise ist ein großer Fehler, der sich im sozialen Bereich ausgebreitet hat. Eine Kombination aus der Problematik »die Kita am Ende der finanziellen Nahrungskette« und dem Irrglauben »Erzieher sind nur ausgebildete Mütter« führte in der Vergangenheit wohl dazu, dass man Erzieher auch mit hauswirtschaftlichen Tätigkeiten beauftragte.

Vielleicht war das früher sogar irgendwie noch machbar und im Rahmen. Mit früher meine ich die Zeiten, in denen eine Kita die Kinder erst ab dem dritten Lebensjahr aufgenommen hat und über Mittag geschlossen war. Das war, bevor wir über Schlafräume, warmes Mittagessen, Frühstücksbuffets und Nachmittagssnacks gesprochen haben.

Die Anforderungen und Aufgaben summierten sich also mit den Jahren immer mehr, doch anstatt einzusehen, dass man dafür ausreichend hauswirtschaftliches Personal anstellen sollte, ging man im sozialen Bereich lieber mal wieder den günstigen Weg.

Wer sich heute in einer Kita mit über 100 Plätzen für Kinder umsieht, wird schnell merken, dass er sich hier in einem richtigen Betrieb befindet. Neben der pädagogischen Arbeit fallen viele weitere Aufgaben an:

◇ Einkaufen für das Frühstücksbuffet / Mittagessen
◇ Frühstücksbuffet richten
◇ permanent die Spülmaschine ein- und ausräumen, denn da sammelt sich einiges an Geschirr (100 Kinder wollen frühstücken, in der Gruppe aus Bechern trinken, Snacks essen, zu Mittag essen, …)
◇ Betten abziehen, neu beziehen und hochstellen, damit der Boden komplett geputzt werden kann
◇ Gruppenräume und Kinderrestaurant sauber machen (Tische und Stühle abwischen, hochstellen, den Boden fegen)
◇ Im Außengelände kehren
◇ Mittagessen zubereiten, wenn die Köchin ausfällt und kein Ersatz da ist
◇ Putzeimer für die Gruppen richten
◇ Waschmaschine und Trockner einräumen, Wäsche aufhängen
◇ Spielzeug in den Gruppen reinigen
◇ Schnee räumen vor der Kita
◇ Schränke auswischen
◇ Böden putzen, Teppiche reinigen, nachdem Pipi, Erbrochenes oder Ähnliches danebenging
◇ und so weiter und so fort …

Wenn Erzieher – je nach Träger – solche und ähnliche Aufgaben erledigen müssen, dann ist das jedes Mal wertvolle Zeit, die uns am Kind fehlt.

Wenn nun jemand in der freien Wirtschaft eine Firma gründet und sich Fachpersonal anstellt, dann zahlt er dieses Fachpersonal, damit es die Tätigkeiten ausführt, für die es ausgebildet ist. Wer würde schon sein Fachpersonal die Firma putzen lassen?

Das wäre doch ziemlich unlogisch, schließlich könnte dieses Fachpersonal in der gleichen Zeit viel produktiver und effizienter arbeiten und die Firma somit weiter voranbringen. Warum sind Kinder in unserer Gesellschaft anscheinend nicht wichtig genug, um das dazugehörige Fachpersonal ausschließlich seinen richtigen Job am Kind machen zu lassen?

4

JETZT ERST RECHT!

Weil der Job abwechslungsreich ist

Man kann über unseren Beruf so einiges sagen, aber eine Sache auf keinen Fall: dass er langweilig ist. Ich bin noch an keinem einzigen Tag nach Hause gegangen und habe mir gedacht, dass mir heute langweilig war. Es wird einem also nicht passieren, dass man das Gefühl hat, jahrelang jeden Tag das Gleiche zu machen. Das hat mehrere Gründe. Vor allem natürlich, weil wir mit Menschen arbeiten. Menschen sind nicht berechenbar. Man weiß also nie genau, was auf einen zukommt, wenn eine neue Familie ihr Kind in der Kita anmeldet. Und selbst wenn man denkt, dass man eine Familie kennt, wird man häufig doch noch überrascht. Jedes einzelne Kind ist anders als die vorherigen Kinder – und jede Kombination von Kindern ergibt eine neue Gruppendynamik. Alles ist permanent im Wandel – jedes einzelne Kind entwickelt sich in seiner Zeit bei uns.

Auch die Themen der Kinder sind immer wieder andere. Kein Projekt, das wir mit den Kindern erarbeiten, gleicht dem vorherigen. Denn dadurch, dass wir die Kinder beteiligen, entwickeln sie immer wieder andere Ideen. Nur weil man zum zweiten Mal in seiner beruflichen Laufbahn ein Projekt zum Thema Märchen macht, heißt das noch lange nicht, dass es irgendwelche Überschneidungen zwischen den beiden Projekten gibt.

Innerhalb des Teams verändert sich ebenfalls ständig etwas. Die einen werden schwanger, die anderen kommen aus der Elternzeit zurück, und die nächsten kündigen, während gleichzeitig ständig neues Personal eingestellt wird durch den landesweiten Ausbau der Betreuungsplätze. Man erarbeitet zusammen eine neue Konzeption und setzt andere pädagogische Schwerpunkte als zuvor. In den letzten fünf Jahren habe ich in vier verschiedenen Gruppen gearbeitet – ohne dass ich die Einrichtung gewechselt habe. Irgendetwas ist immer. Man muss eben flexibel sein.

An den Berufsstand der Erzieher werden auch im Allgemeinen immer wieder neue Anforderungen getragen. Sei es die Arbeit mit Portfolios, die Aufnahme von immer jüngeren Kindern oder die Umsetzung von Integration, Inklusion und Interkulturellen Standards. Früher wurden die Kinder meistens nur vormittags in einer Einrichtung betreut. Heute verbringen viele Kinder bis zu zehn Stunden am Tag in einer Einrichtung. Inklusive warmem Mittagessen und Mittagsschlaf. Da ist es teilweise nachvollziehbar, dass viele kritische Stimmen anmerken, dass eine Kita heute nicht mehr nur eine familienergänzende Funktion hat, sondern fast schon eine familienersetzende. Immer mehr wird über 24-Stunden-Kitas diskutiert. Ich bin mir sicher, dass unser Beruf auch weiterhin aufregend und abwechslungsreich bleiben wird. Stillstand wäre ja auch fast schon langweilig. Aber nur fast.

41. GRUND

Weil es manchmal auch ruhige Tage gibt

Ja, es gibt sie wirklich. Neben all dem Stress und der Belastung gibt es auch diese Tage. Die perfekten Kita-Tage. Die Mutmachtage jeder Erzieherin. Balsam für Kinderseelen und Pädagogenansprüche. Die Tage, an denen man denkt: Ah, wunderbar, es geht also doch! Man kann tatsächlich so arbeiten, dass man den Kindern und seinem eigenen Anspruch gerecht wird.

Okay, um bei der Wahrheit zu bleiben: Diese Tage entstehen häufig nur, weil Schulferien sind und einige Eltern auch ihre Kita-Kinder zu Hause lassen. Oder weil gerade prozentual mehr Kinder als Erzieher krank sind. Und zwar so viele, dass die Kinderanzahl der Gruppe endlich zur realen Raumgröße und Personalanzahl passt. Dann bekommt man eine Ahnung davon, wie wunderbar die Arbeit immer sein könnte, wenn die Rahmenbedingungen stimmen würden. Die Kita, wie sie sein sollte!

Im letzten Jahr, als wir unser Hochbeet zum ersten Mal bepflanzten, gab es einen dieser Tage, an den ich mich noch ganz besonders erinnere. Es war Frühling. Endlich warm und trocken genug, dass Matschhosen und Gummistiefel an der Garderobe bleiben konnten. Die Kinder waren unglaublich aufgeregt und begeistert von der Gartenarbeit. Wer aber gerade lieber draußen rennen, schaukeln oder buddeln wollte, der machte das. Und kam später von sich aus zurück zum Hochbeet, um wieder zu helfen. Zwei Mädchen wollten lieber drin bleiben und in der Puppenecke spielen. In aller Ruhe fütterten sie das Puppenbaby und gingen mit ihm im Kinderwagen spazieren.

Wir waren mit drei Erzieherinnen so gut besetzt, dass wir alle Kinder gut begleiten konnten. Die Kinder genossen die ersten Sonnenstrahlen und waren so entspannt wie schon lange nicht mehr. Sie nutzten es aus, sowohl drinnen als auch draußen ausreichend Platz zu haben, um sich auszuleben. Sie verteilten sich ganz automatisch so, dass jeder ungestört seinen Interessen nachgehen konnte. Endlich mal kein Gedränge in den einzelnen Spielecken. Wir hatten viele schöne Gespräche mit den Kindern, konnten Beobachtungen notieren und einigen Fragen nachgehen. Zum Beispiel, warum eine Pflanze Wurzeln braucht.

Nachmittags, in der Abholzeit, wurden einige Mamas und Papas an der Hand in Richtung Hochbeet gezogen. Die Kinder wollten voller Stolz zeigen, was sie heute geschafft hatten.

Wenn man an solchen Tagen kurz innehält und sich umsieht, betrachtet, wie sie alle lachen, staunen, entdecken und lernen – dann kann man doch eigentlich nur glücklich sein?

Weil auch das anstrengendste Kind nach vier Jahren wieder geht – und seine Eltern mitnimmt

Diese Überschrift klingt erst einmal nicht so ganz nach dem, was man sich als Begründung für solch einen schönen Beruf vorstellt. Aber in diesem Buch geht es um eine reale Darstellung des Berufes der Erzieherin – mit allen Facetten. Und dazu gehört eben auch dieses Thema.

Als ich meine Ausbildung begonnen habe, war ich fest davon überzeugt, dass man jedem noch so auffälligen Kind und jeder Familie helfen kann. Wenn man als Erzieherin nur genug Einsatz zeigt sowie ausreichend Fachwissen, Professionalität und Herz hat. Auch wenn ältere Kollegen mir diese Utopie ausreden wollten, weigerte ich mich, das zu glauben. Aber dann kam der Berufsalltag und mit ihm viele neue Erfahrungen, Gefühle und Erkenntnisse. Im Allgemeinen stimmt es wirklich, dass Eltern nur das Beste für ihr Kind wollen. Mir war zuvor aber leider nicht bewusst, wie unterschiedlich »das Beste« aussehen kann. Und wie anstrengend es sein kann, das immer wieder aufs Neue zu diskutieren. Ganze vier Jahre lang.

Die schlichte Wahrheit ist: Es gibt sie, die Kinder und die dazugehörigen Eltern, die einem Tag für Tag alle Nerven rauben. Es gibt Verhaltensweisen von Kindern, die konnte ich mir vor der Ausbildung nicht einmal im Traum vorstellen. Da werden andere Kinder körperlich so sehr verletzt, dass einem dazu die Worte fehlen. Auch gegen die Erzieher wird die Hand erhoben, oder die Möbel fliegen durch den Gruppenraum. Solche Kinder lassen einen an die eigenen Grenzen kommen. Man bekommt das Gefühl, allen anderen Kindern der Gruppe nicht mehr genug Aufmerksamkeit schenken zu können, weil man einzig und alleine damit beschäftigt ist, größere Schäden durch das einzelne Kind zu vermeiden. Das sorgt für Stress und chronische Unzufriedenheit. Und auch die dazugehörigen Elterngespräche sind häufig nicht weniger anstrengend als der Tag mit dem Kind selbst. Da werden Beschuldigungen und Drohungen ausgesprochen, Erzieher beleidigt, und jedes fachliche Argument wird durch unsachliche Kommentare unter die Gürtellinie gezogen.

Das klingt natürlich alles nicht schön – ist es ja auch wirklich nicht. Aber es zählt vor allem eines: Es sind bei Weitem nicht alle so! Es sind gefühlt vielleicht zwei Prozent aller Kinder und Eltern. Aber genau diese zwei Prozent kosten einen wirklich Kraft, Nerven und Zeit. Und trotzdem – oder genau deswegen – gilt: so professionell wie möglich alles versuchen, um dem Kind zu helfen. Aber man muss und darf sich auch von der Illusion frei machen, die Welt retten zu können. Denn daran wird man scheitern.

In solch einer Situation erinnere ich mich immer an einen Gedanken, den mir ein sehr guter Lehrer damals in der Ausbildung mit auf den Weg gegeben hat:

Ich betrachte das Kind dann wie eine Waage. Es gibt zwei Waagschalen, eine für das Positive und eine für das Negative. Und auch wenn das Negative überwiegt, dann kann es trotzdem durch das Positive, das wir in der Kita in die Waagschale werfen, ausgeglichen werden – vielleicht nicht komplett, aber zumindest ein bisschen. Und manchmal ist schon dieses kleine bisschen von großer Bedeutung für den Verlauf des Lebens des einzelnen Kindes. Und das ist es, was eine professionelle und ressourcenorientierte Haltung einer Erzieherin ausmacht.

Es gibt nur diese eine Möglichkeit: Nicht aufgeben! Weder das einzelne Kind, noch die eigenen Ideale. Nur so gibt es eine Chance auf Besserung. Wir sind alle nur Menschen – Kinder, Eltern, Erzieher. Und manchmal passt es einfach nicht. Dann müssen alle ihr Bestes geben, immer wieder versuchen, aufeinander zuzugehen, um eine Basis zu finden – und dann darf man aber trotzdem auch mal erleichtert sein und durchatmen, wenn die gemeinsame Zeit dann zu Ende geht.

Weil Lehrer und Erzieher sich inzwischen auf Augenhöhe begegnen

Vor einiger Zeit habe ich einen Lehrer näher kennengelernt. Ich sollte damals ein rumänisches Kind eingewöhnen, aber leider gab es keinen Übersetzer, welcher zwischen der Mutter und mir vermitteln konnte. Ich machte mich also privat auf die Suche nach Hilfe und fand ihn. Er übersetzte mir die wichtigen Fragebögen sowie einen Brief, den ich der Mutter geschrieben hatte. In dem Brief war der Ablauf der Eingewöhnung erklärt. Außerdem wollte ich mit diesem Brief in ihrer Muttersprache erreichen, dass die Familie sich in unserer Einrichtung willkommen fühlt und uns vertrauen kann. Das ist nämlich die Grundvoraussetzung für eine gelingende Eingewöhnung. Also war diese Übersetzungstätigkeit sehr wichtig für mich, und es freute mich sehr, dass er mir dabei behilflich war.

Nach der erfolgreichen Übersetzung fragte er mich einiges zum Thema Eingewöhnung, und wir begannen uns fachlich auszutauschen. Darüber, wie Bildungsprozesse in der Kita ablaufen, was wir Erzieher eigentlich den ganzen Tag machen und so weiter und so fort. Also eigentlich habe ich ihm nach und nach all das erzählt, was nun auch in diesem Buch steht. Gleichzeitig hat er mir von seinem spannenden Berufsalltag erzählt. Von seinen fachlichen Ansichten, seinen Methoden im Unterricht. Auch über den Übergang zwischen Kindertagesstätte und Schule haben wir gesprochen, vor allem, was die Entwicklung von vorschulischen Kompetenzen angeht. Die Gespräche waren geprägt von gegenseitigem Respekt und Wertschätzung. Es war schön zu spüren, wie viele Parallelen wir in unseren Berufen doch haben. Während er erkannte, wie wichtig die Kita wirklich ist, konnte auch ich einiges über den Beruf des Lehrers erkennen. Auch wenn ich zuvor dachte, dass ich genau weiß, was Lehrer so machen – schließlich war ich selbst lange genug in der Schule –, eröffnete er mir einen neuen Blick auf seine Tätigkeiten.

Und zum ersten Mal im Leben hatte ich wirklich das Gefühl, dass Lehrer und Erzieher sich eben doch auf Augenhöhe begegnen können. Einfach, weil wir uns ohne Vorurteile gegenseitig zugehört haben. Er hat sich nicht gedacht, dass ich die kleine Erzieherin ohne akademischen Abschluss bin, die ja sowieso nur spielt. Und ich habe nicht gedacht, dass er der überbezahlte Lehrer ist, der morgens recht und mittags frei hat. Nur so kann es funktionieren. Wenn man offen ist für das, was der andere macht, und einfach zuhört. Zuhört, um zu verstehen, statt nur um zu antworten.

Ich bin mir sicher, dass wir mit dieser Einstellung in der Praxis einen super Übergang für die Kinder zwischen Kindertagesstätte und Schule gestalten könnten. Denn schließlich liegen für die Kinder zwischen Kita und 1. Klasse – also zwischen der Erzieher-Welt und der Lehrer-Welt – nur die Sommerferien. Nur sechs Wochen! Und eigentlich haben wir doch auch alle dasselbe Ziel: die uns anvertrauten Kinder bestmöglich zu fördern, damit sie zu selbstständigen, gebildeten und mündigen Menschen werden.

Wenn sich alle Lehrer und Erzieher so begegnen würden, wie wir uns begegnet sind, dann könnten unsere unterschiedlichen Berufsgruppen sich endlich als das wahrnehmen, was sie alle trotz der Unterschiede sind: Fachpersonal, welches Kinder auf ihrem Bildungsweg begleitet. Wir alle sind ein Teil der Bildungsbiografie der einzelnen Kinder. Mit gegenseitiger Wertschätzung können wir qualitativ hochwertig kooperieren und den Kindern einen leichten Übergang zwischen den einzelnen Bildungseinrichtungen ermöglichen. Und nur darum geht es doch: um die Kinder.

Übrigens sehen die Kinder selbst auch gar keinen so großen Unterschied zwischen Erziehern und Lehrern. Paul, ein Lehrerkind, erzählt beim Thema Berufe: »Der Papa arbeitet in der Stadt. Der muss noch in die Schule gehen. Der ist der Lehrer von seinen Schülern. So wie du die Erzieherin im Kindergarten bist.« So einfach ist das!

44. GRUND

Weil Streiken auch eine Form von Betriebsausflug ist

Jeder, der in der eigenen Kindheit und Jugend Spaß an Schulausflügen und Wandertagen hatte, wird Streiken lieben. Man trifft sich morgens bepackt mit einer kleinen Tasche vorm Bus mit den Kollegen, man lacht, macht untereinander aus, wer mit wem im Bus zusammensitzt, und freut sich auf einen schönen gemeinsamen Tag. Im Bus wird dann erst das Frühstück ausgepackt – und später der typische Klatsch und Tratsch.

Angekommen in der jeweiligen Stadt, bekommt man dann direkt ein ziemliches Spektakel zu sehen. Unzählige Busse aus allen möglichen Ecken des Landes – alle voll besetzt mit Erzieherinnen, die für ihre Rechte einstehen wollen. Überall sieht man die Farben der verschiedenen Gewerkschaften – auf Warnwesten, Fahnen und Trillerpfeifen. Bunte Plakate mit den unterschiedlichsten Sprüchen werden in die Luft gehalten. Auf meinem eigenen letzten Plakat stand »Wir können gar nicht so schlecht arbeiten, wie ihr uns bezahlt!«. Die vierjährige Tochter meiner Kollegin wurde für diesen Tag einfach mit einem Gehörschutz auf dem Kopf in den Bollerwagen gesetzt und von uns gezogen – sie hielt dabei ein Schild mit der Aufschrift »Meine Mama hat mehr verdient!«. Zusammen waren wir natürlich ein gern gesehenes Motiv bei der Presse. Aber auch auf vielen anderen Plakaten waren richtige und provokante Aussagen zu lesen:

◇ »Wer eine Horde Kinder managt, verdient ein Managergehalt!«
◇ »Wenn du meinst, Bildung sei zu teuer, probiere es mal mit Dummheit!«
◇ »Ende der Bescheidenheit – Erzieher sind jetzt kampfbereit!«

Oder bei den Streikrunden 2016, als es um den Erhalt unserer Betriebsrente ging:

◇ »Mit Vollzeitstelle in die Altersarmut!? Finger weg von unserer Rente!«.

Ich genieße das so sehr, wenn sich der ganze Strom von Menschen mit all ihren Plakaten und Trillerpfeifen dann gemeinsam auf den Weg macht, um durch die Stadt zu marschieren, bis zu dem Treffpunkt, an dem die Gewerkschaften immer ein gutes Programm organisiert haben.

Man spürt plötzlich die Energie der Menschenmenge, all die gebündelte Kraft und den Willen, den jeder Einzelne mitbringt. Ich bin jedes Mal wieder froh darüber, in einem Land zu leben, in dem wir ohne Angst demonstrieren können. Denn – wir sind eindeutig im Recht! Wenn man sich damit beschäftigt, in welchem Alter das Gehirn eines Menschen die größte und schnellste Entwicklung durchläuft und damit Grundlegendes festgelegt wird – dann muss man sich doch wirklich fragen, warum man Kinder genau in dieser Zeit zum am schlechtesten bezahlten Personal der gesamten Bildungskette gibt.

Der Ansatz ist einfach falsch, denn Erzieher leisten so vieles in den bedeutenden Jahren der Entwicklung, es gibt keinen Grund, warum eine Erzieherin weniger Geld verdienen sollte als eine Grundschullehrerin. (Es gibt übrigens auch keinen Grund, warum Grundschullehrerinnen weniger verdienen sollten als die Lehrer der weiterführenden Schulen – aber das ist ein anderes Thema.) Deswegen ist jede von der Gewerkschaft geforderte Gehaltserhöhung berechtigt – ebenso wie die geforderten Veränderungen bezüglich des Erzieher-Kind-Schlüssels.

Es ist richtig, für seine eigenen Rechte auf die Straße zu gehen. Und es wirkt sich auf alle Fälle positiv auf das Klima im eigenen Team aus – fast so wie ein Betriebsausflug eben. Nur, dass es beim Streiken natürlich um viel bedeutendere Ziele geht. Manchmal bringt dieser Tag einem Team mehr als der gemeinsame Ausflug zum Kletterpark. Und unserem Berufsstand insgesamt bringt es ganz sicher etwas, wenn man sich entscheidet zu streiken. Ich kann es nur jedem ans Herz legen, einer Gewerkschaft beizutreten und sich zu engagieren – sonst wird sich nie etwas ändern.

45. GRUND

Weil jede Trotzphase irgendwann zu Ende geht

Hier sei kurz und knapp gesagt: Nichts ist für die Ewigkeit! Egal wie trotzig, anstrengend oder launisch ein Kind ist. Es sind alles nur Phasen. Wirklich nur Phasen. Man muss sich bewusst machen, dass Kinder gerade diese Trotzphase nun mal brauchen, um ihre Selbstwirksamkeit zu erfahren. Also, durchatmen, das Positive sehen und ganz ruhig bleiben. Wir schaffen das zusammen. Bis zur nächsten Phase. Und auch die schaffen wir, nur keine Panik! Spätestens am Tag der Einschulung lachen wir gemeinsam darüber.

46. GRUND

Weil fast alle Menschen nett sind, sobald es um Kinder geht

Unsere Welt ist oft kein guter Ort. Deswegen kann ich abends vorm Einschlafen keine Nachrichten sehen. Denn die sind schlimmer als jeder Horrorfilm. Aber wenn man mit Kindern arbeitet, dann widerfährt einem so viel Gutes. Nicht nur von den Kindern aus, sondern von der ganzen Umwelt. Und schon sieht die Welt ganz anders aus!

◇ Wenn die Kita unbedingt Geld braucht, aber wie immer keins da ist, dann organisieren die Eltern zusammen mit unserem Team einen Spendenlauf, der das ganze Dorf mobilisiert.
◇ Wenn wir auf den Markt fahren und der nette Verkäufer frischen Orangensaft für alle Kinder macht und ihnen dabei noch alle Obst- und Gemüsesorten in einem Quiz erklärt.
◇ Wenn wir im Supermarkt einkaufen gehen und die Verkäuferin uns plötzlich Äpfel und Gummibärchen für alle Kinder schenkt.
◇ Wenn wir die Polizei, die Feuerwehr, die Müllabfuhr oder den Förster besuchen wollen und jeder sich Zeit für uns nimmt.

Eine schöne Geschichte dazu: Eines Tages stand ein älterer Mann mit einer großen Tüte in der Hand vor unserer Kita. Er stammt aus unserem Dorf, und wir kennen ihn, er hat jedoch aktuell kein Enkelkind in unserer Einrichtung, und wir waren verwundert darüber, warum er uns besuchen kommt. Er wollte eine Erzieherin sprechen und erzählte, dass er im Supermarkt mitbekommen habe, dass viele Kinder momentan die Karten sammeln, die man bei einem Einkauf an der Kasse bekommt. Damit hatte er recht, denn gerade unsere Jungs veranstalteten bereits Tauschbörsen mit diesen Karten und füllten ganze Sammelhefte. Es stellte sich heraus, dass der Mann zusammen mit anderen unglaublich viele Karten für unsere Kita-Kinder gesammelt hatte. Alle waren sie fein säuberlich sortiert und mit Gummibändern in Bündeln zusammengehalten. Er wollte sie uns schenken. Die Kinder freuten sich riesig und füllten die letzten freien Stellen in den Sammelheften damit.

Weil man seine Menschenkenntnis schult

Oh oh, ein heikles Thema. Eigentlich dachte ich immer, dass meine Menschenkenntnis ziemlich gut ist. In den letzten Jahren in der Kita musste ich leider feststellen, dass einzelne Menschen einen selbst in Situationen belügen, in denen man absolut nicht damit rechnet. Achtung: einzelne, nicht alle!

Die beiden schwierigsten Themen lauten dabei wohl:
1. Ganztagesplatz – oder nicht?
2. Kranke Kinder in der Kita.

Zu 1.: Jedes Jahr aufs Neue diskutieren wir: Ganztagesplatz oder nicht? Um ein Recht auf einen Ganztagesplatz in der Kita zu haben, müssen beide Eltern ihre Berufstätigkeit nachweisen. Also angeben, wo und wie viele Stunden sie arbeiten. Da sollte man ja nun annehmen, dass ein vom Arbeitgeber unterschriebenes Dokument der Realität entspricht und dass Eltern die Fremdbetreuung ihrer Kinder grundsätzlich nur in Anspruch nehmen, wenn sie beruflich dazu gezwungen sind.

Fazit nach fünf Jahren in der Kita: Das ist in den meisten Fällen auch so. Aber eben nicht immer. Denn es gibt auch die Sorte Mensch, die ihr Kind morgens um 7.15 Uhr gestresst bringt und mittags nach 16 Uhr genauso gestresst wieder abholt. Gleichzeitig aber regelmäßig morgens gemütlich das Haustier ausführt, beim Abholen berichtet, wie sie nachmittags in Ruhe ihren Haushalt machen und zwischendrin auch zu Hause sind, dann wirft das schon einige Fragen auf. Hmmm?

Zu 2.: Kinder sind krank. Andauernd. Irgendetwas ist immer. Vor allem im ersten Jahr in der Kita nehmen Kinder meistens alles mit, was geht. Und die Liste von dem, was geht, ist lang. Erkältungen,

Hand-Mund-Fuß-Krankheit, Bindehautentzündung, Magen-Darm, Fieber, Husten, Schnupfen und Mittelohrentzündung. Ach, und fast hätte ich es vergessen: Läuse! Ja, auch die.

Sind die Kleinen krank, haben Eltern ein Problem. Morgens beim Arbeitgeber anrufen und erklären, dass das Kind (schon wieder) krank ist, ist ziemlich unangenehm. Vor allem, weil nicht alle Arbeitgeber einsehen, dass Eltern sich auch auf ihre Kinder krankschreiben lassen dürfen, und sie diesen trotzdem Druck machen. Wer will schon Ärger auf der Arbeit oder im schlimmsten Fall seinen Job verlieren? Also muss das Kind wohl oder übel auch mal krank in die Kita. Auch wenn das natürlich verboten ist. Kranke Kinder gehören ins Bett und lösen in der Kita regelrechte Massenepidemien aus. Da benötigt man also eine kreative Ausrede, um das Kind an der Erzieherin vorbeizuschleusen. Die Beweggründe dazu kann ich grundsätzlich natürlich nachvollziehen. Aber wenn man sich die Regeln der »Mein Kind ist doch gar nicht krank«-Fraktion ansieht, muss man schon schmunzeln oder den Kopf schütteln – Achtung, alles Aussagen aus dem echten Kita-Leben!:

Regel Nr. 1: Wenn Kinder Durchfall haben – auch mehrmals –, dann haben sie gar keinen Durchfall. Sie haben nur etwas Falsches gegessen oder zu viel getrunken. Meistens war es zu viel Apfelsaft. Oder auch das Wasser aus der Toilette, dem Kinderplanschbecken oder dem öffentlichem Schwimmbad.

Durchfall in der Windel ist übrigens grundsätzlich kein Durchfall, sondern einfach nur Pipi und Kaka gleichzeitig. Das mischt sich dann und sieht aus wie Durchfall.

Regel Nr. 2: Bindehautentzündung gibt es gar nicht wirklich. Meistens haben die Kinder nur Schnupfen, der auch aus den Augen rauskommt. Oder sie haben am Tag zuvor Sand ins Auge bekommen. Und dann wäre da auch noch die Möglichkeit, dass sie eine Allergie haben, die aber natürlich ganz harmlos ist.

Regel Nr. 3: Kinder brechen nicht. Sie stecken sich nur den Finger in den Mund und müssen dann aus Versehen würgen. Oder sie müssen einfach husten, und dabei kommt ein bisschen was mit hoch.

Regel Nr. 4: Ab wann ein Kind Fieber hat, kann man jedes Mal neu ausdiskutieren. Fieber gibt es nämlich eigentlich auch nicht – es gibt nur erhöhte Temperaturen. Die kommen eben, weil die Kinder gerade wachsen. Oder den Kindern ist einfach warm vom Schlafen, vom Rennen, der zu dicken Bettdecke oder der falschen Kleidung.

Regel Nr. 5: Husten ist auch gar nicht so schlimm. Solange man dem Kind verbietet zu rennen und zu toben, muss es auch nicht so arg husten.

Okay, das kann theoretisch alles einmal so passiert sein. Es fällt trotzdem auf, wenn Kinder vier Jahre lang angeblich nie krank sind. Also, Hand aufs Herz. Manchmal ist es schon geflunkert, oder? Das soll kein Vorwurf sein. Wir würden uns genauso wie die Eltern wünschen, dass es in unserer Gesellschaft leichter wäre, Arbeit und Familie unter einen Hut zu bringen, ohne mit schlechtem Gewissen flunkern zu müssen.

48. GRUND

Weil man Geduld lernen kann

Jaja, Rom wurde nicht an einem Tag erbaut. Wir haben heute trotzdem ganz oft das Gefühl, uns beeilen zu müssen und einfach keine Zeit zu haben, um geduldig zu sein. Das meinen wir Erwachsene zumindest. Und das meinen wir nicht, weil wir schlechte Menschen sind, die gerne ungeduldig sein wollen. Sondern weil das Leben heute trotz allem Komfort so viele verschiedene Anforderungen an uns stellt, dass wir nun mal oft gestresst sind. Aber dabei dürfen wir nicht vergessen, wie sich unsere Ungeduld und Hektik auf unsere Kinder auswirken kann. Vielleicht bekommt das Kind manchmal mehr von unserer gestressten Stimmung ab, als uns das lieb ist? Dazu möchte ich dir gerne zwei kleine Geschichten erzählen. Versuche dir dabei vorzustellen, dass du die Hauptperson der Geschichte bist.

Tag 1: Du wirst morgens schon kurz vor dem Klingeln deines Weckers wach. Du fühlst dich ausgeruht und erholt, steckst dich genüsslich im Bett, während die ersten Sonnenstrahlen dein Schlafzimmer in ein warmes Licht tauchen. Du küsst deinen Partner, stehst auf und genießt es, im noch stillen Haus alleine das Badezimmer belegen zu können. Nach einer erfrischenden Dusche schlüpfst du in deine momentanen Lieblingskleider und schleichst leise in das Zimmer deines Kindes. Du weckst dein Kind mit eurem liebevollen Guten-Morgen-Ritual. Nach einem gemeinsamen Frühstück macht jedes Familienmitglied sich auf den Weg. Du bringst dein Kind in die Kita und fährst danach zur Arbeit. Die Ampeln auf deinem Weg stehen alle auf Grün, im Radio läuft dein Lieblingslied, und ein Parkplatz direkt vor dem Bürogebäude ist frei. Deine Arbeit macht dir Spaß, dein Chef lobt dich für deinen tollen Einsatz im letzten Projekt, und deine Mittagspause verbringst du mit netten Kollegen und guten Gesprächen. Nach der Arbeit holst du dein Kind aus der Kita ab und lässt dir während der Autofahrt zum Supermarkt von seinem Tag in der Kita erzählen. Zusammen geht ihr noch etwas fürs Abendessen einkaufen. Ihr kommt nach Hause, und dein Partner hat den Grill schon angemacht. Du bereitest die Beilagen vor, euer Kind rennt im Garten lachend durch das kühle Wasser des Rasensprengers. Ihr sitzt zusammen am Tisch und genießt die Abendsonne während des Essens. Euer Kind albert herum und wirft dabei sein Glas voller Saft um. Wie reagierst du?

Tag 2: Du wirst morgens wach und stellst erschrocken fest, dass euer Wecker nicht geklingelt hat und ihr ordentlich verschlafen habt. Mist, du musst in 30 Minuten schon am Schreibtisch sitzen. Panisch springst du aus dem Bett, ziehst die erstbesten Kleider aus dem Schrank und rufst nach deinem Kind, während du dich im Laufen anziehst. Zum Frühstücken bleibt keine Zeit mehr, du packst deinem Kind schnell eine Brotdose, wirfst alles Wichtige in deine Handtasche, und los gehts. Schnell das Kind in der Kita absetzen und weiter Richtung Büro fahren. Du kommst abgehetzt und zu spät auf der Arbeit an, denn natürlich sind gerade heute auch noch alle Ampeln rot, und du findest einfach keinen freien Parkplatz. Dein Chef kommentiert dein zu spätes Eintreffen nicht, aber sein Blick sagt dir genau, dass das jetzt nicht besonders gut ankam. Du fühlst dich unwohl, weil du zu wenig Zeit im Bad verbracht hast und nicht schön angezogen bist. Und das gerade heute, wo ein wichtiger Kundentermin ansteht. Der Tag zieht sich wie Kaugummi, Zeit für eine richtige Mittagspause bleibt trotzdem nicht, weil du deine versäumte Zeit von morgens wieder reinarbeiten musst. Du bist froh, als der Arbeitstag endlich ein Ende hat. Beim Einsteigen in dein Auto bemerkst du, dass du eine große Schramme in deiner Autotür hast. Anscheinend ist dir heute im Laufe des Tages jemand an die Seite gefahren. Du schaust nach, doch du kannst nirgends wenigstens einen Zettel vom Verursacher finden. Genervt steigst du in deinen Wagen und fährst zum Einkaufen. Die Kassiererin an der Kasse macht ihren Job heute in Zeitlupe, und auch die Oma in der Schlange vor dir braucht gefühlte Ewigkeiten, bis sie ihr Kleingeld zusammengesucht hat. Als du endlich selbst dran bist mit Bezahlen, suchst du deinen Geldbeutel in deiner Handtasche – und kannst ihn nicht finden. Anscheinend hast du ihn heute morgen in der Hektik zu Hause liegen gelassen. Peinlich berührt bittest du die Kassiererin, deine Einkäufe zurückzulegen. Du fährst nach Hause. Wenigstens hat dein Partner schon euer Kind von der Kita abgeholt. Dann gibt es heute eben nur Abendessen aus der Tiefkühltruhe. Auf der Kommode im Flur fällt dein Blick auf die aktuelle Stromrechnung. Ihr müsst einiges nachbezahlen. Dein Kopf schmerzt, während ihr zusammen am Tisch sitzt, und du willst einfach nur noch früh schlafen gehen, da wirft dein Kind sein Glas mit Saft um. Die klebrige rote Masse läuft quer über die helle Tischdecke. Wie reagierst du?

Ziemlich schwierig, immer geduldig zu sein und das eigene Verhalten dem Kind gegenüber nicht beeinflussen zu lassen von all dem, was das Leben so mit sich bringt, oder? Und trotzdem muss man Geduld und Ruhe aufbringen. Denn schließlich ist unser Alltag ihre Kindheit! Als Erzieherin gilt das noch mehr als im privaten Kontext. Egal wie sehr wir rotieren müssen in der Kita – immer schön Ruhe bewahren und alles im Blick haben.

49. GRUND

Weil wir Partizipation leben

Partizipation, das bedeutet Beteiligung, Teilhabe, Mitbestimmung. Der Gedanke der Partizipation von Kindern hat vielen Erwachsenen zuerst einmal Angst gemacht.

Hatte es doch für die »Großen« den seltsamen Beigeschmack von Kontrollverlust und Ungewissheit, wenn die »Kleinen« auch etwas zu sagen haben. Adios, Machtgefälle! Man stellte sich die Frage: Wie soll das funktionieren, dass man Kinder schon früh an Entscheidungen beteiligt?

Die Gegenfrage dazu lautet wohl: Wie soll es funktionieren, dass unsere Kinder zu mündigen Bürgern werden, wenn wir sie nicht schon früh an Entscheidungen beteiligen? Wer später einmal ein selbstständiges und eigenverantwortliches Leben in einer Demokratie führen soll, der muss auch in einem Umfeld aufwachsen, das den Menschen erlaubt, sich individuell zu beteiligen.

Partizipation ist keine Idee, die einfach nur in den Köpfen der Pädagogen entstanden ist. Nein, diese Idee ist gleich an mehreren Stellen gesetzlich verankert:

◇ *UN Kinderrechtskonvention, Artikel 12 (1):*
»Die Vertragsstaaten sichern dem Kind, das fähig ist, sich eine eigene Meinung zu bilden, das Recht zu, diese Meinung in allen das Kind berührenden Angelegenheiten frei zu äußern, und berücksichtigen die Meinung des Kindes angemessen und entsprechend seinem Alter und seiner Reife.«

◇ *§9 SGB VIII:*
»Bei der Ausgestaltung der Leistungen und der Erfüllungen der Aufgaben sind (…) die wachsende Fähigkeit und das wachsende Bedürfnis des Kindes oder des Jugendlichen zu selbstständigem, verantwortungsbewusstem Handeln (…) zu berücksichtigen.«

◇ *§22 SGB VIII:*
(1) »Tageseinrichtungen sind Einrichtungen, in denen sich Kinder für einen Teil des Tages oder ganztägig aufhalten und in Gruppen gefördert werden. (…)

(2) Tageseinrichtungen für Kinder (…) sollen die Entwicklung des Kindes zu einer eigenverantwortlichen und gemeinschaftsfähigen Persönlichkeit fördern, (…)

(3) Der Förderauftrag umfasst Erziehung, Bildung und Betreuung des Kindes und bezieht sich auf die soziale, emotionale, körperliche und geistige Entwicklung des Kindes. Er schließt die Vermittlung orientierender Werte und Regeln ein. Die Förderung soll sich am Alter und Entwicklungsstand, den sprachlichen und sonstigen Fähigkeiten, der Lebenssituation sowie den Interessen und Bedürfnissen des einzelnen Kindes orientieren und seine ethnische Herkunft berücksichtigen.«

◇ *§45 SGB VIII:*
(1) »Der Träger einer Einrichtung, in der Kinder oder Jugendliche ganztägig oder für einen Teil des Tages betreut werden oder

Unterkunft erhalten, bedarf für den Betrieb der Einrichtung der Erlaubnis. (…)

(2) Die Erlaubnis ist zu erteilen, wenn das Wohl der Kinder und Jugendlichen in der Einrichtung gewährleistet ist. Dies ist in der Regel anzunehmen, wenn (…)

(3) zur Sicherung der Rechte von Kindern und Jugendlichen in der Einrichtung geeignete Verfahren der Beteiligung sowie der Möglichkeit der Beschwerde in persönlichen Angelegenheiten Anwendung finden. (…)«

So viel zum rechtlichen Hintergrund. Wenn wir Partizipation in der Kita umsetzen, dann klingt das nicht so trocken und steif, wie es im Gesetzbuch steht. Stattdessen hört man Kinder erzählen, philosophieren, diskutieren, beratschlagen und abstimmen. Das, was wir da mit den Kindern zusammen veranstalten, ist unter verschiedenen Begriffen bekannt. Kinderparlament, Kindervollversammlung, Kinderkonferenz … die Namen sind so unterschiedlich wie die Durchführung in den einzelnen Einrichtungen. Wenn man sich unter den Fachkräften umhört, scheint es, als haben wohl alle gemeinsam, dass man sich in diesem Bereich vor noch nicht all zu langer Zeit auf den Weg gemacht hat und die meisten Einrichtungen diesbezüglich noch in einem Entwicklungsprozess stecken. Aber egal wo man steht und wie man es nennt, immer geht es darum:

◇ Kindern das Wort zu geben, sie zu beteiligen
◇ sich auf einen Prozess mit den Kindern einzulassen
◇ die Demokratiekompetenz von Kindern zu stärken
◇ zusammen zu planen / zu organisieren, um Selbstständigkeit und Verantwortungsbewusstsein zu fördern
◇ Kinder im Rahmen ihres individuellen Entwicklungsstandes an Entscheidungsprozessen zu beteiligen
◇ gemeinsam Ideen zu entwickeln

◇ Engagement zu entwickeln
◇ Entscheidungen in der Gruppe zu treffen und zu tragen

Diese Entscheidungsprozesse betreffen zum Beispiel die Raumgestaltung, das Thema des nächsten Projektes, die Regeln im Turnraum oder das nächste Ausflugsziel. Ebenso besprechen wir, was den Kindern in den letzten Tagen in der Kita gut gefallen hat und was sie geärgert hat ... »Der Tom hat mir die Schippe abgenommen. Das finde ich so gemein. Ich konnte gar nicht mehr bauen« ... »Mir hat es viel Spaß gemacht, als wir uns schminken durften mit den tollen Schminkfarben. Und verkleiden. Können wir das wieder machen?« ... »Ich habe neue Dinos bekommen vom Papa. Ich will die mal mitbringen im Kindergarten und zeigen.« ...

Grundsätzlich werden also alle Themen besprochen, die von den Kindern oder von uns mitgebracht werden. Wir nutzen in unserer Einrichtung auch einen Briefkasten, um die Themen der Kinder für die nächste Kinderkonferenz zu sammeln.

Die Kinder lernen und erfahren in der Kinderkonferenz ganz nebenbei ...

◇ vor einer Gruppe zu sprechen und auch andere zu Wort kommen zu lassen
◇ eigene Ideen, Gedanken, Gefühle mitzuteilen
◇ Kompromisse zu finden und andere Meinungen zu akzeptieren
◇ im Team zu arbeiten
◇ etwas selbstständig zu organisieren
◇ ernst genommen zu werden, selbst etwas bewirken zu können

Klingt doch gar nicht so schlecht, Kindern das Wort zu geben, oder? Kinder wirklich ernst zu nehmen bedeutet übrigens auch, dass sie sich beschweren können und diese Beschwerden nicht unbeachtet bleiben. Ja, sie dürfen sich dabei auch über Erzieher beschweren.

Weil das, was wir tun, eine wichtige gesellschaftliche Aufgabe ist

Wenn man Eltern fragt, was das Wertvollste in ihrem Leben ist, dann bekommt man folgende Antwort: meine Kinder! Selbst die Menschen, die keine eigenen Kinder haben, können die Tatsache nicht abstreiten, dass Kinder für unsere gesamte Gesellschaft wichtig sind. Nur mit ausreichend Nachwuchs funktionieren unser Sozialstaat und unser Rentensystem. Und dann sollte dieser Nachwuchs natürlich auch gebildet und mündig sein – denn sonst bringt diese ganze Sache mit dem Wahlrecht und der Demokratie ja auch nicht wirklich etwas. Erzieher haben einen unglaublich wichtigen Beruf, weil sie mit der Zukunft unserer Gesellschaft arbeiten.

◇ Erzieher sind wichtige Bezugspersonen für die Kinder.
◇ Erzieher erfüllen einen Bildungs- und Erziehungsauftrag.
◇ Erzieher arbeiten familienergänzend.
◇ Erzieher leisten Integrationsarbeit an der Basis.
◇ Erzieher vermitteln die Vorläuferkompetenzen der Schule.
◇ Erzieher vermitteln Werte und unterstützen die Moralentwicklung.
◇ Erzieher begleiten Kleinkinder in der entscheidenden Phase ihrer Gehirnentwicklung. Erzieher erkennen die sensiblen Phasen in der Entwicklung jedes einzelnen Kindes und tragen Sorge dafür, dass es diese ausreichend ausleben kann, damit das Kind sein komplettes Potenzial entfalten kann.
◇ Erzieher sorgen dafür, dass jedes Kind und jede Familie die Hilfe bekommen kann, die benötigt wird, damit sich das Kind bestmöglich entwickeln kann – auch wenn das bedeutet, das Jugendamt einzuschalten.
◇ Erzieher fangen Defizite auf und geben ihr Bestes, um Chancengleichheit für Kinder aus allen Herkunftsfamilien real zu machen.

Das, was Erzieher für die Entwicklung jedes einzelnen Kindes leisten, ist nicht zu ersetzen. Und da diese Kinder die nächste Generation unserer Gesellschaft darstellen, arbeiten Erzieher nicht nur für die Kinder. Auch nicht nur für deren Eltern. Erzieher arbeiten für unsere Gesellschaft. Auch wenn die Gesellschaft das manchmal leider vergisst.

Wichtig ist aber vor allem, dass Erzieher das selbst niemals vergessen. Auch wenn sie zum hundertsten Mal hören müssen: »Ihr spielt doch nur.«

51. GRUND

Weil auch Männer in der Kita gebraucht werden

Der Beruf der Erzieherin ist noch immer in der Hand von Frauen. Ein klassischer Frauenberuf mit geringer sozialer Anerkennung, schlechter bezahlt als einige klassische Männerberufe. Im Jahr 2016 lag der Männeranteil im Erzieherberuf bei 5,2 Prozent. Nicht viel, jedoch eine Steigerung im Vergleich zu den vorherigen Jahren. Von Zeit zu Zeit wird in Fachwelt und Politik ein Schrei nach mehr männlichem Personal laut. Trotzdem ist ein Mann in der Kita meistens noch immer der Hahn im Korb – alleine unter Frauen.

Mehr Männer in Kitas ist grundsätzlich eine gute Idee. Warum auch nicht? Mir scheint nur die allgemeine Begründung dafür etwas seltsam zu sein. Häufig hört man, dass Männer in Kitas gebraucht werden, damit sie mit den Jungs Fußball spielen, ringen und raufen und Holzarbeiten machen. Was soll denn diese Aussage? Können Frauen grundsätzlich weder Fußball spielen noch mit Hammer und Nagel umgehen? Und wer behauptet überhaupt, dass alle Männer sportliche und handwerkliche Fähigkeiten haben? Da habe ich auch schon ein paar andere Exemplare kennengelernt.

Wenn wir fordern, dass einer Erzieherin die Fachlichkeit nicht einfach zugeschrieben wird, nur weil sie eine Frau ist (und Erzieherinnen »ausgebildete Mütter« sind), warum kämpfen wir dann nicht gleichzeitig darum, dass auch Männer nicht automatisch als fachlich kompetent gelten, nur weil sie einen Penis haben?

Man bekommt den Eindruck, dass es nur darum geht, überhaupt Männer für diesen Beruf zu finden. Wie kompetent diese sind, scheint zweitrangig zu sein. Hauptsache Mann. Das erinnert mich ein wenig an alleinerziehende Väter. Die werden in unserer Gesellschaft häufig gelobt für das, was sie leisten. Was im Übrigen genau das ist, was alle alleinerziehenden Frauen auch leisten.

Während wir aus fachlicher Sicht Männer in den Kitas wollen, um Rollenklischees aufzulösen und geschlechtssensible Pädagogik zu leben, füttern wir diese Klischees eigentlich umso mehr. Männer sollen in Kitas die typischen Jungs-Interessen wie Technik, Mathematik, Chemie, Sport und das Handwerk bedienen. Natürlich ist es nicht von der Hand zu weisen, dass immer mehr Kindern zu Hause eine männliche Bezugsperson fehlt. Dafür sorgen viele Scheidungen oder schlichtweg die Arbeitszeiten der Familienväter. Deswegen ist es durchaus wünschenswert, dass Kinder in der Kita männliche Bezugspersonen und Ansprechpartner haben. Und auch, damit sie einen wertschätzenden Umgang zwischen Männern und Frauen erleben können. Die Erfahrung in der Praxis zeigt ebenfalls, dass Kinder sich sehr über Männer in der Kita freuen. Deswegen: Ja, wir brauchen mehr Männer in Kitas! Aber nicht als Handwerker und Fußballprofi, sondern als kompetente Kollegen, die ebenso wie ihre weiblichen Kolleginnen mit Jungs UND Mädchen arbeiten können.

Kinder müssen in der Kita erfahren, dass sie sich weiter bewegen dürfen als innerhalb gesellschaftlich festgelegter Geschlechtergrenzen. Wir arbeiten geschlechterbewusst, aber ohne Stereotypen. So ist eine Verkleidungsecke nicht nur für Mädchen, sondern beinhaltet neben Prinzessinnenkleidern auch Ritterkostüme und die

Polizeiuniform. Und alles darf von allen Kindern getragen und bespielt werden.

Unter Eltern scheinen die Meinungen etwas gemischt zu sein. Irgendwie will man ja schon Männer in der Kita haben – eben wegen des Fußballspielens und so. Aber irgendwie findet man das gerade im U3-Bereich etwas, na ja, sagen wir mal »gefährlich«, oder? Was natürlich genauso Schwachsinn ist. Da sollte man den Männern nicht unrecht tun und sich im Übrigen allgemein von der Vorstellung verabschieden, dass nur Männer Kindern schaden können. So einfach funktioniert die Welt nicht.

Ein bisschen schmunzeln muss ich, wenn sich Jungs-Mütter darüber beschweren, dass ihre Kinder zu viele »Mädchensachen« machen (müssen) in der Kita. Die gleichen Mütter berichten auch davon, dass die eigenen Männer zum Beispiel kaum im Haushalt helfen. Das sollte man vielleicht mal näher beleuchten. Da könnte möglicherweise ein generationsübergreifender Zusammenhang mit falsch gelebten Rollenklischees bestehen? ;-)

Vielleicht fangen wir einfach endlich damit an, unsere Kinder freier zu erziehen als innerhalb geschlechtsspezifischen Schubladen.

52. GRUND

Weil Wickeln gar nicht so schlimm ist

Wenn man mit Freunden und Bekannten über seinen Job in der Kita spricht, bekommt man nicht selten zu hören: »Aber ihr müsst auch wickeln, oder? Also das könnte ich nicht. Das ist doch total ekelhaft. Und dann auch noch bei Kindern, die gar nicht die eigenen Kinder sind.«

Wenn man sich jedoch ganz realistisch überlegt, wie groß so ein Kind in etwa ist, das Windeln trägt, dann wird einem schon bewusst, dass selbst eine volle Windel gar nicht so riesig sein kann. Es ist also wirklich kein Vergleich zu dem, was Pflegekräfte in anderen Berufen leisten müssen.

Wickeln ist für eine pädagogische Fachkraft sowieso viel mehr als nur eine pflegerische Tätigkeit. Wickeln bedeutet für einen kurzen Moment, die Möglichkeit der 1:1-Betreuung zu haben. Es ist eine wichtige Zeit, in welcher man dem einzelnen Kind Aufmerksamkeit und Wertschätzung schenkt. Wickeln ist also Beziehungszeit! Die Möglichkeit der ungestörten 1:1-Betreuung ist in der Kita ziemlich selten, weshalb die Wickelsituation nicht unterschätzt, sondern ernsthaft genutzt werden sollte. Auf dem Wickeltisch bietet sich die Gelegenheit für Fingerspiele, Reime und Lieder. Die Erzieherin sollte nur für das Kind da sein, sich Zeit nehmen und keine unerwünschten Zuschauer zulassen. Die Privatsphäre des Kindes sollte bewahrt werden, egal wie alt das Kind ist. Der Wickelraum sollte ansprechend gestaltet und ausreichend geheizt sein, damit das Kind sich wohlfühlen kann. Nur dann kann es sich entspannt auf die Wickelsituation einlassen. Durch einen an der Decke befestigten Spiegel können Kinder alle Handgriffe beim Wickeln genau verfolgen. Gleichzeitig begleitet die Erzieherin alle ihre Handlungen sprachlich, kündigt an, was sie als Nächstes machen wird, und bindet das Kind in den Wickelvorgang mit ein.

Dadurch, dass die Kinder den Wickeltisch selbstständig über eine Treppe erreichen können, nehmen sie aktiv am Wickeln teil und zeigen ihr Einverständnis für die Situation. Es ist von Vorteil, in der Eingewöhnungszeit eine sogenannte Wickelübergabe stattfinden zu lassen. Dabei wird das Kind von seinen Eltern innerhalb der Kita gewickelt, während die Erzieherin die Situation begleitet. So erhält die Erzieherin weitere Informationen über das Kind und erlebt, wie es bisher gewickelt wird. Das Kind erlebt dabei einen Übergang zwischen Elternhaus und Kita im Bezug auf die Wickelsituation.

Es sollte also ganz klar sein, dass das Wickeln der Kinder nur von den Erziehern der Einrichtung übernommen wird. Wickeln ist keine unwichtige Tätigkeit, die an Praktikanten abgegeben werden kann. Dafür ist der Moment viel zu intim und bedeutend.

Natürlich gibt es trotzdem Situationen, in denen man sich fragt, wie ein so kleines Kind etwas so Großes produzieren kann. Puh! Da kommt so manche Windel an die Grenzen der Belastbarkeit. Dann gilt: Nase zu und durch! Oder morgens viel Parfüm in den eigenen Schal sprühen, um dann das Gesicht darin vergraben zu können. Das ist schon machbar, schließlich wickelt man keine acht Stunden am Tag. Außerdem gibt es Handschuhe, Wickelunterlagen und Desinfektionsmittel. Und wenn gar nichts anderes mehr geht, duscht man das Kind eben ab und zieht ihm neue Kleidung an, bevor es dann wieder zurück zum Spielen geht. Alles kein Problem.

53. GRUND

Weil wir den Raum zum dritten Erzieher machen

… oder es zumindest im Rahmen unserer Möglichkeiten versuchen. Wenn wir davon ausgehen, dass Kinder sich durch ihre Spieltätigkeiten selbst bilden, dann bedeutet das, dass die Umgebung der Kinder großen Einfluss auf ihre Bildungsprozesse hat. Es sind die Räume der Kita, in denen sich kindliche Bildungsprozesse für mehrere Stunden am Tag abspielen. Kinder brauchen also – im wahrsten Sinne des Wortes – Raum! Ausreichend Platz und eine anregend gestaltete Umgebung. Der Raum wirkt sich auf die Entwicklung der Kinder aus. Raumgröße und Raumausstattung ist also ein Qualitätsmerkmal. Nur leider kein gesetzlich verankertes in Deutschland. Die richtigen Stellen müssen sich endlich Gedanken darüber machen, welchen Stellenwert Kinder und deren frühkindliche Bildung in unserem Land haben. Dazu machen wir nun exemplarisch einen kleinen Exkurs in die Tierwelt. Verwirrt? Abwarten, der Kreis schließt sich gleich!

Das Bundesministerium für Ernährung und Landwirtschaft beschreibt auf seiner Homepage die artgerechte Tierhaltung von Schweinen. Zum Thema Platz steht dort geschrieben: »Die Haltung von Schweinen unterliegt zahlreichen Vorschriften des Gesetzgebers. Diese beschreiben detailliert, wie ein Schweinestall ausgestaltet sein muss. Das betrifft insbesondere die Bodenbeschaffenheit und den Platzbedarf pro Tier. (…) Dem Mastschwein aus ökologischer Haltung stehen mindestens 1,3 Quadratmeter und zusätzlich ein Quadratmeter Auslauf im Freien zu.«

Und jetzt rechnen wir (am Beispiel meiner eigenen Erfahrung) aus, wie viel Platz unsere Kinder wirklich haben:

◇ Wir haben etwa 40 Quadratmeter Gruppenraum, 25 Kinder, drei Erzieher.

◇ 40 Quadratmeter / 28 Personen = 1,43 Quadratmeter pro Person.

◇ Jedes Kind hat also 1,43 Quadratmeter, um zu spielen, zu entdecken, um sich zu entfalten.

Und selbst diese Zahl trifft nicht ganz die Wahrheit, weil wir von einem leeren Gruppenraum ohne Möbel, Türen oder Waschbecken ausgegangen sind. Diese nehmen weiteren Platz weg. Einen Nebenraum, der nur von diesen 25 Kindern genutzt wird, gibt es nicht. Selbst der Bewegungsraum ist so klein, dass sich höchstens 15 Kinder darin bewegen können. 15 Kinder aus der kompletten Einrichtung wohlgemerkt.

Einem Mastschwein in der ökologischen Landwirtschaft stehen rechtlich also 1,3 Quadratmeter zu. Unsere Kinder liegen irgendwo knapp unter 1,43 Quadratmetern. Auch hier zeigt der Föderalismus sein ekelhaftes Gesicht. 16 Bundesländer, unterschiedliche Empfehlungen, keine verpflichtenden Standards für alle. Und Rheinland-Pfalz, das Land, das immer so stolz auf seine Familienfreundlichkeit und den für Eltern kostenlosen Kita-Besuch ist, bekleckert sich überhaupt nicht mit Ruhm. Welch ein Armutszeugnis, dass wir rechtliche Vorschriften für die Schweinehaltung haben, aber keine für die Bildungsräume in Kitas. Was offensichtlich zur Folge hat, dass unsere Kinder sich wie Mastschweine in Bildungsein-richtungen bewegen müssen.

Ein Blick nach Italien zeigt, wie es stattdessen aussehen kann. Die rechtlich verankerten Mindeststandards sorgen dafür, dass Kinder-gartenkindern (also über Dreijährigen) pro Kind 6,7 Quadratmeter in einem Gruppenraum zustehen. Den jüngeren, unter Dreijährigen, stehen je nach Region zwischen 6 und 8,5 Quadratmeter zu.

Nur so zum Spaß rechnen wir das nun mal auf unsere Kinder in Rheinland-Pfalz um.

Von den 25 Kindern sind 19 Kinder über drei Jahre alt. Diese 19 Kinder hätten gemeinsam ein Recht auf 127,3 Quadratmeter. Die restlichen sechs Kinder unserer 25er-Gruppe sind unter drei Jahre alt. Ihnen würden insgesamt je nach Region zwischen 36 und 51 Quadratmeter zustehen.

Insgesamt hätte unsere Gruppe von 25 Kindern einen Anspruch auf einen Gruppenraum bzw. bespielbare Innenräume, deren Größe zwischen 163,3 Quadratmetern und 178,3 Quadratmetern liegen müsste. Wow! Was da wohl alles möglich wäre?

Vielleicht ist es nun endlich einmal an der Zeit zu überdenken, warum Schweine hier einen höheren Stellenwert haben als Kinder. Da kann man sich schon einmal fragen, warum für unsere Kinder niemand auf die Straße geht, um zu demonstrieren, so wie wir das aus dem Tierschutz kennen.

5

SAHNEHÄUBCHEN

Weil Crocs, Birkenstock und Leggins wirklich akzeptierte Arbeitsbekleidung sind

Wer beruflich gerne hohe Schuhe und enge Röcke trägt, der wird in der Kita wohl nicht glücklich werden. Darin kann man nämlich nicht gut spielen, rennen, klettern, rutschen und matschen. Und Straßenschuhe sind in den Gruppenräumen sowieso nicht erlaubt, denn wir tragen genau wie die Kinder Hausschuhe. Zu Hause setzt man sich ja auch nicht mit Straßenschuhen aufs Sofa oder auf den Teppich im Kinderzimmer. Für uns Erzieher gilt das, was für die Kinder auch gilt: Wir tragen Kleidung, die schmutzig werden darf. Denn das wird sie ganz sicher. Entweder von zu viel Fingerfarbe, der Tomatensoße beim Mittagessen oder von dem ganzen Sand im Flur, auf dem man auf allen vieren herumrutscht. Also bleiben die schönen Oberteile und Blusen zu Hause im Schrank.

Gerade wenn man in der Krippe arbeitet und permanent auf dem Boden sitzt, wird man früher oder später freiwillig damit aufhören, auf der Arbeit enge und schöne Jeans zu tragen. Irgendwann landet man dann doch bei Leggins. Auch wenn man sich das vorher nicht vorstellen konnte.

Zu Beginn meiner Ausbildung hatte ich nur eine Kommode voller Kita-Kleidung. Nach und nach wurde diese Kommode immer voller – und der Anteil normaler Kleidung im Schrank immer weniger. Wenn man Vollzeit in der Kita arbeitet, verbringt man nun mal die meiste (wache) Zeit auf der Arbeit. Also was soll's, wer braucht schon schöne Klamotten. Das Ganze vereinfacht jedenfalls den Shoppingprozess sehr. Onlineshopping, zehn neue schwarze Leggins, fertig. Da braucht dann auch kein Businessberater mehr anzukommen mit solchen allgemeinen Floskeln wie: »Ziehen Sie sich für den Job an, den Sie haben wollen, nicht für den, den Sie haben.« Ziemlich blöde Idee in der Kita.

Auch Crocs fand ich früher unglaublich hässlich. Also wirklich unglaublich hässlich. Ich konnte nie verstehen, warum Menschen mit Gummischlappen, die man höchstens bei der Gartenarbeit tragen kann, mitten durch die Stadt laufen. Aber okay, jedem das Seine. In der Stadt finde ich das auch heute noch unmöglich, aber die Kita hat ihre eigenen Gesetze. Crocs sind eben ziemlich bequem, man ist schnell rein- oder rausgeschlüpft, und es gibt sie sogar mit einem warmen Futter innen drin. Außerdem kann man kleine Figuren an ihnen befestigen. Ich habe die ganze Disney-Familie auf meinen Schuhen stecken. Und wenn ich meine Zehenspitzen aneinanderstelle, dann sieht es so aus, als würden sich Minnie und Mickey einen Kuss geben, während Tinkerbell Glitzerstaub darüber pustet und daneben ein Auto der Cars-Reihe brummt. Kita-Kleidung vom Feinsten!

55. GRUND

Weil man im Sommer unter freiem Himmel arbeitet

Hach ja, einer dieser wunderbaren beruflichen Vorteile! Während andere im stickigen Büro den Ventilator höher drehen, sitzen wir mit den Kindern nachmittags unter einem Sonnenschirm im Sand, die Füße im kühlen Wasser, und bauen dabei Sandburgen, Staudämme und Tunnel. Dann stellen wir den Rasensprenger an und hüpfen quietschend zusammen durch das kühle Nass. Ein Leben auf dem Matschplatz – jeden Sommer aufs Neue, wie wunderbar!

Für den Nachmittagssnack mit den Ganztageskindern räumen wir Tische und Bänke auf ein schattiges Plätzchen, oder wir picknicken einfach mit Decken auf der Wiese. Dann sitzen wir alle zusammen, eingecremt und mit Sonnenhut. Und während wir unsere Füße auf dem Gras liegen haben, essen wir Wassermelone und philosophieren mit den Kindern. Es gibt wirklich schlechtere Orte, um zu arbeiten, oder?

Weil man sein Leben lang Sommerferien haben kann

So einige Erzieher aus der Stadt werden mir nun wahrscheinlich widersprechen, aber auf den Dörfern ist das noch sehr verbreitet: drei Wochen Sommerferien! Auch wenn ich manchmal davon träume, meine Urlaubstage flexibler nehmen zu können und nicht schon ohne eigene Kinder gezwungen sein will, in den Schulferien Urlaub buchen zu müssen, sind drei Wochen am Stück doch sehr angenehm. Und für Erzieherinnen, die selbst Kinder haben, ist das sehr praktisch, immer in den Sommerferien der Schule Urlaub zu haben. Und alle anderen genießen es schon ein Jahr im Voraus zu wissen, wann man die nächste Urlaubsreise planen kann.

Weil es an jedem zweiten Tag im Jahr Kuchen gibt

Wenn Kinder Geburtstag haben, dann wird das auch in der Kita gefeiert. Es gibt einen gemeinsamen Sitzkreis, Geburtstagslieder, Spiele, ein kleines Geschenk – und eigentlich eine Kleinigkeit zu essen. Eigentlich. Unser Auftrag an die Mamas lautet jedes Mal: »Bitte nur eine Kleinigkeit zu essen machen. Also einfach Fingerfood, sodass jedes Kind der Gruppe eine Kleinigkeit essen kann. Bitte wirklich nicht mehr mitbringen! Schließlich soll es am Geburtstag um das Geburtstagskind gehen und nicht um das Essen.« Dieser Auftrag scheint für die meisten Mamas schier unmöglich umsetzbar. Voller Liebe und stark beeinflusst durch Pinterest, Instagram und den Thermomix, übertreffen sich die Mamas regelmäßig gegenseitig, was Menge und Ausführung der Speisen angeht. Tagelang wird geplant, gebacken und Gemüse zu essbaren Skulpturen verbaut.

Wenn die Mamas dann am Geburtstag schwer bepackt ihre Kisten voller »Kleinigkeiten« in die Kita schleppen, sieht das oft aus, als stehe Deutschland kurz vor einem Krieg und wir müssten die Lebensmittelvorräte bunkern. Dieser Eindruck verfestigt sich, wenn der jeweilige Vater des Kindes dann hinter der Mama erscheint – mit noch mehr Kisten auf dem Arm. Da muss man sich schon mal einen Tag Urlaub nehmen, um den An- und Abtransport des Geburtstagsessens zu organisieren – nicht, dass jemand nicht satt wird! Jedes Catering-Unternehmen kann einpacken, wenn liebevolle Mamas ihren Geburtstagskindern ein schönes Fest gestalten wollen.

Aber auch die Erzieher selbst übertreiben es gerne am eigenen Geburtstag. Da pocht die soziale Ader. Schließlich will man den Kollegen ja etwas Gutes tun. Die Reste dieser ausartenden Geburtstagspartys finden dann jedes Mal ihren Weg in die Personalküche. Daraus ergibt sich folgende Rechnung:

◇ 125 Kinder + 16 Erzieher = 141 Geburtstage pro Jahr = 141 Mal Essen
◇ 365 Tage im Jahr – 95 Tage Wochenende – 30 Tage Ferien / Urlaub = 240 Tage Kita

Mit 141 Geburtstagsfeiern an 240 Arbeitstagen ergibt es sich also, dass wir wirklich jeden zweiten Tag Kuchen und andere Leckereien bekommen. Ungut für die eigenen Hüften – manchmal aber nötig für Nerven und Seele.

Weil man so selbst in Situationen kommt, die man sonst nie erlebt hätte

Als Erzieherin darf man so einige Sachen machen, zu denen man sonst wahrscheinlich eher nicht gekommen wäre. Die Kinder öffnen einem sozusagen ganz nebenbei die Türen dazu. Wer darf denn sonst während seiner Arbeitszeit ins Theater oder ins Museum gehen? Über den Bauernhof schlendern, Kälbchen streicheln und füttern und auf dem Traktor über das Feld fahren? Bei der Feuerwehr die Wache besichtigen, einen Blick hinter die Kulissen bekommen und im Feuerwehrauto sitzen? Oder auf der Polizeistation die Ausnüchterungszellen testen – ganz ohne Alkohol getrunken zu haben.

Auch Tierbabys sind oft eine kleine Sensation im Berufsalltag. Ich finde es unheimlich toll, wenn man den Vormittag damit verbringen darf, viele kleine Babykätzchen durch den Stuhlkreis flitzen zu sehen. Da wird gekuschelt, gespielt und gestaunt. Ich meine, welcher normale Mensch mag denn keine Tierbabys? Da kann man doch einfach nur lächeln. Sogar Küken sind in unserer Kita schon aus ihren Eiern geschlüpft. Das war total spannend – für die Kinder und auch für uns selbst.

An dem Spendenlauf für unsere Kita hatte ich die einmalige Möglichkeit, mit Claus Eisenmann, einem Gründungsmitglied der Söhne Mannheims, auf der Bühne ein Duett singen zu dürfen. Normalerweise singt der natürlich zusammen mit den Größen der Musikbranche und eher nicht mit so ganz normalen Menschen wie mir.

Ich war so wahnsinnig aufgeregt, aber es war superschön. Ohne jemals gemeinsam geübt zu haben, sangen wir total harmonisch »Und wenn ein Lied«. Im Video, das es davon gibt, hört man die Kita-Kinder meinen Vornamen rufen – so süß! Ohne meinen

Beruf wäre ich ich wohl nie zu dieser schönen Erinnerung gekommen.

Vor zwei Jahren liebten unsere Kita-Kinder die Musik von Helene Fischer. Es wurde eine Helene-Fischer-Party veranstaltet, und die Kinder nahmen eine eigene CD auf mit ihren Coverversionen von Helenes bekanntesten Songs. Da ich die talentierte Blondine auch privat wahnsinnig toll finde, nahm ich die CD der Kinder und einen dazugehörigen Brief mit auf das nächste Helene-Fischer-Konzert. Der Plan war, ihr die CD direkt auf der Bühne zu überreichen. Die Chancen dazu standen eigentlich ganz gut. Denn von vorherigen Konzerten kannte ich es so, dass Helene während der Show ganz vorne auf der Bühne steht und einige Geschenke von Fans entgegennimmt. Und schließlich hatten wir Sitzplätze in der ersten Reihe vor der Bühne. Was sollte also schiefgehen? Doch es kam, wie es kommen musste. Die Security vor der Bühne war leider extrem unfreundlich, und am Ende einer genialen Show verschwand Helene unter tosendem Applaus im Boden – während ich mit der CD in der Hand direkt davor stand. Für einen kurzen Moment überlegte ich, die CD zu werfen. Allerdings hatte ich zu viele Bedenken, wegen Körperverletzung doch noch die Arrestzelle der Polizei besser kennenlernen zu müssen, als mir das lieb ist. Aber einfach unverrichteter Dinge nach Hause gehen, wollte und konnte ich auch nicht. Schließlich hatte ich den Kindern versprochen, Helene die CD zu schenken. Also musste ein neuer Plan her. Ich ging zum Seiteneingang der Bühne, wo einige Männer aus Helenes Technik-Team standen. Ich stellte mich vor die Gruppe, klatschte kurz laut in die Hände, und schon hatte ich ihre Aufmerksamkeit. Super, wenn ein einfacher Kita-Trick auch hier funktioniert. Dann erzählte ich den Männern die Geschichte unserer Kita-Kinder und dass ich jetzt auf keinen Fall einfach so nach Hause fahren kann. Einer der Männer stellte sich mir als Paul vor und versprach mir, die CD zu Helenes Tontechnikerin zu bringen, welche am nächsten Tag mit Helene ins Fitnessstudio gehen sollte. Er nahm mir also die

CD mit dem dazugehörigen Brief aus der Hand und verschwand hinter der Bühne. Ich war mir total sicher, dass er die CD dort in den Mülleimer wirft und wieder zurückkommt. Schließlich bin ich bestimmt nicht der einzige Fan, der Helene irgendetwas überreichen will. Doch ich irrte mich. Paul kam kurz darauf wieder und zeigte mir ein Foto von der Tontechnikerin mit unserer CD in der Hand und dem Daumen nach oben. Sehr cool. Dann tauschten wir Handynummern aus, er schickte mir das Beweisfoto und meldete sich am nächsten Tag bei mir mit der Info, dass Helene sich sehr über die CD gefreut hat. Und ich habe mich sehr für unsere Kita-Kinder gefreut und darüber, dass deren Arbeit und Mühe nicht umsonst war. Und mal ganz ehrlich – so einige Handynummern und Kontakte können doch auch nicht schaden.

Weil wir von Beruf aus kuscheln dürfen

Gibt es etwas Süßeres als kuschelige Kinder? Kleine Mäuse, die nach dem Aufwachen noch Zeit auf dem Schoß der Erzieherin brauchen, um richtig wach zu werden. Weil die Müdigkeit nach dem Aufstehen noch so groß ist und die Welt da draußen schon so laut und hell ist. Oder Kinder, die Trost, Zuspruch und Nähe brauchen, um nach einem Konflikt oder einem Sturz wieder ihr emotionales Gleichgewicht zu finden. Vor allem morgens beim Ankommen in der Gruppe brauchen einige Kinder erst einmal den Arm einer Erzieherin, um sich dann sicher genug zu fühlen, um etwas zu spielen. Das macht für die Kinder den Übergang von den Eltern zu uns einfach leichter.

Irgendwie gehört es einfach zu unserem Beruf, dass wir vor allem den jüngeren Kindern auch körperliche Nähe geben, wenn sie diese brauchen. Die Betonung liegt dabei auf: wenn die Kinder diese brauchen! Von sich selbst aus brauchen und einfordern. Es ist absolut nicht okay, Kinder einfach ungefragt auf den Arm zu nehmen, auf den eigenen Schoß zu setzen oder Ähnliches zu tun. Wenn Kinder wirklich körperliche Zuwendung brauchen, dann zeigen oder äußern sie das ganz deutlich. Und wenn sie das nicht machen, dann hat man Kinder ganz klar auch nicht einfach anzufassen. Kinder sind keine Kuscheltiere und nicht dazu da, um das Kuschelbedürfnis von Erwachsenen zu stillen. Absolut nicht!

Ich finde es immer ganz schrecklich zu sehen, wenn Erwachsene ein Kind einfach so hochheben und dabei womöglich auch noch hinter diesem Kind stehen, womit das Hochheben zur totalen Überraschungsaktion wird. Man muss sich doch einfach mal vorstellen, wie sich das für uns selbst anfühlen würde, wenn plötzlich ein Riese hinter uns steht und uns einfach in die Luft hebt, während wir gerade an gar nichts Böses denken. Nicht schön, oder?

60. GRUND

Weil schon viele schlaue Sachen über Erziehung gesagt wurden

Solange Kinder klein sind, gib ihnen Wurzeln;
sind sie älter geworden, gib ihnen Flügel.
INDISCHES SPRICHWORT

Eines sollten wir nicht verlernen:
den staunenden Blick eines Kindes.
AUGUSTINUS

Das Staunen ist eine Sehnsucht nach dem Wissen.
THOMAS VON AQUIN

Die Kinder kennen weder Vergangenheit noch Zukunft,
und was uns Erwachsenen kaum passieren kann –
sie genießen die Gegenwart.

JEAN DE LA BRUYÈRE

Man kann in Kinder nichts hineinprügeln,
aber vieles herausstreicheln.

ASTRID LINDGREN

In der kleinen Welt, in welcher Kinder leben,
gibt es nichts, was so deutlich von ihnen erkannt
und gefühlt wird, als Ungerechtigkeit.

CHARLES DICKENS

Es gibt keine großen Entdeckungen und Fortschritte,
solange es noch ein unglückliches Kind auf Erden gibt.

ALBERT EINSTEIN

Kinder sind Gäste, die nach dem Weg fragen.

MARIA MONTESSORI

Du kannst deinen Kindern deine Liebe geben,
nicht aber deine Gedanken. Sie haben ihre eigenen.

KHALIL GIBRAN

Ich bitte die lieben Kinder, die alles können,
mit mir zusammen für den Aufbau des Friedens
zwischen den Menschen und in der Welt zu arbeiten.

MARIA MONTESSORI

Über einen Graben, den das Kind ohne Gefahr aus eigener Kraft
überspringen kann, darf ich es nicht hinüberheben.

CHRISTIAN GUSTAV FRIEDRICH DINTER

Kinder brauchen Liebe – besonders,
wenn sie sie nicht verdienen.

HENRY DAVID THOREAU

Die Aufgabe der Umgebung ist es nicht, das Kind zu formen,
sondern ihm zu erlauben sich zu offenbaren.

MARIA MONTESSORI

Keiner kann dem Kind seine Arbeit abnehmen,
die darin besteht, den Menschen aufzubauen, den es
aufbauen muss. Keiner kann für das Kind wachsen.

MARIA MONTESSORI

Sollen wir Kinder erziehen, so müssen
wir auch Kinder mit ihnen werden.

MARTIN LUTHER

61. GRUND

Weil wir eine echte Chance auf gute Arbeitszeiten haben

Die normalen und durchschnittlichen Öffnungszeiten einer Kita liegen in etwa zwischen 07:00 Uhr und 18:00 Uhr. Natürlich nur ganz grob gesagt, denn es gibt inzwischen sogar vereinzelt 24-Stunden-Kitas, aber sicherlich auch genügend Einrichtungen, die bereits vor 18 Uhr geschlossen haben. Für Erzieher bedeutet die Vielfalt der Einrichtungen, dass wir unsere Arbeitszeiten beeinflussen können.

Vor allem Halbtagskräfte können als Erzieher wirklich familienfreundliche Arbeitszeiten rausschlagen. Denn eine Kita lässt sich kaum nur mit Vollzeitkräften führen, weil die Kita vormittags zur Hauptbetreuungszeit mehr Personal braucht als nachmittags. Das macht es deutlich leichter als in anderen Branchen, einen Teilzeitjob zu bekommen.

Allerdings muss man ehrlich sagen, dass dies auch nicht auf alle Stellen und Arbeitsplätze zutrifft. Wenn man als Leitung oder stellvertretende Leitung einer Einrichtung arbeiten möchte, dann wird im Allgemeinen erwartet, dass man Vollzeit arbeitet. Damit man für das Team und die Eltern immer ansprechbar ist. Und auch in Kinderheimen, Wohngruppen oder Jugendzentren sind die Arbeitszeiten natürlich andere als in einer Kindertagesstätte. Trotzdem kann es ja nur von Vorteil sein, dass man als Erzieherin in der Kita sehr einfach nur vormittags arbeiten kann. Denn spätestens wenn man selbst eine Familie hat, weiß man diese Zeiten sehr zu schätzen.

62. GRUND

Weil man sich für die eigene Elternzeit nicht rechtfertigen muss

Schwanger werden als Erzieherin? Klar, was sonst. Die Überlegung dazu ist ganz simpel: Wer mit Kindern arbeitet, der mag Kinder. Und der will meistens auch eigene. Deswegen ist die Babyplanung unter Kollegen und auch vor dem Chef kein Tabu-Thema. Es ist nun einmal so, dass es deutlich mehr Frauen als Männer in diesem Beruf gibt.

Und solange Frauen diejenigen sind, die Kinder bekommen können, wird es wohl auch so bleiben, dass eine Erzieherin nach der anderen schwanger wird. Der große Vorteil zu anderen Jobs: Hier schaut dich niemand seltsam an, wenn du mindestens zwei Jahre Elternzeit nehmen willst. Okay, man fragt sich vielleicht, wie du dir das finanziell leisten kannst, aber grundsätzlich hat niemand ein Problem damit, weil es einfach ganz normal ist, dass immer irgendjemand schwanger oder in Elternzeit ist. Irgendjemand muss ja auch für den Nachwuchs im Land sorgen, oder?

63. GRUND

Weil wir schon mal Erfahrungen für die Erziehung der eigenen Kinder sammeln

Wenn jemand sich für den Beruf der Erzieherin entscheidet, dann weil er gerne mit Kindern zu tun hat. Logischerweise wollen die meisten dann auch eigene Kinder. Wer will schon auf dieses Glück verzichten?

Der Job in der Kita ist dafür wohl die beste Vorbereitung – das Boot-Camp für zukünftige Mamas (und manchmal auch Papas) sozusagen. Ich meine, wenn man es schafft, alleine mit 25 Kindern zu überleben – was soll einem dann schon mit einem einzigen Kind passieren? Schließlich üben wir jeden Tag, auch beim trotzigsten Zwergenaufstand standhaft und konsequent zu bleiben. Wir kennen alle Phasen der Entwicklung, die Kinder in den ersten Lebensjahren durchlaufen, und wissen, was sie zu welcher Zeit brauchen. Wir kennen alle Tricks, wie man das Händewaschen – ja, richtig mit Seife – doch noch attraktiv für Kinder macht. Wir wissen, wie man selbst Fisch und Spinat als total lecker darstellt – oder es zumindest so auf dem Teller versteckt, dass es nicht auffällt. (Pssst, das ist nicht besonders pädagogisch.) Wir können in sämtlichen Positionen wickeln, füttern und Kinder wie von Zauberhand zum Schlafen bringen.

Wir kennen die alles entscheidende Grundregel der Erziehung: Zähle nie bis drei, wenn du noch nicht weißt, was du bei drei machen willst – oder du nicht bereit bist, deine vorherige Ankündigung danach ernsthaft konsequent durchzuziehen! Nichts ist schlimmer, als wenn Kinder erleben, dass man das, was man sagt, gar nicht ernst meint. Egal in welchem Bereich. Damit macht man sich unglaubwürdig und gibt den Kindern das Gefühl, dass sie nicht wissen, woran sie sind.

Außerdem haben wir als Erzieher die Möglichkeit, uns das Erziehungsverhalten von anderen Eltern – und die dazugehörigen Kinder – genau anzusehen. Dabei entdeckt jeder für sich persönlich einige Vorbilder. Mir fallen direkt mehrere Familien ein, welche die Erziehung und den Umgang mit ihren Kindern so vorbildlich meistern, dass ich es einfach nur bewundern kann. Das Geheimnis guter Erziehung scheint eben irgendwie doch so einfach zu sein: Liebe, Konsequenz und Vorbildfunktion.

Gleichzeitig erleben wir in unserem beruflichen Alltag auch die eine oder andere Familie, die uns zeigt, was wir später mal anders machen wollen. Man lernt auch durch abschreckende Beispiele.

Dann sind da noch die kritischen Stimmen, die behaupten, dass Pädagogenkinder immer die allerschlimmsten sind. Darüber lässt sich jetzt natürlich streiten.

64. GRUND

Weil wir jeden Tag Feedback bekommen

Mit Feedback ist an dieser Stelle keine der gleichnamigen Methoden gemeint. Kein 5-Finger-Feedback und auch keine Sandwich-Methode. Unter Pädagogen weiß man zwar, wie man diese anwendet, aber als Erzieherin bekommt man nicht nur von Kollegen und der Leitung Feedback. Sondern auch von den Eltern, dem Träger der Einrichtung und vor allem von den Kindern selbst. Das ist dann also kein klassisches »Feedback«, wie wir es im fachlichen Kontext beschreiben würden, aber nichtsdestotrotz ist es eine Rückmeldung über unser eigenes Verhalten, unsere berufliche Persönlichkeit, darüber, wie wir auf andere wirken und welches Gefühl wir bei unseren Mitmenschen hinterlassen.

Die Rückmeldungen, die wir bekommen, sind also nicht immer in Pädagogendeutsch, sie sind deswegen aber nicht weniger wertvoll und wichtig. Denn grundsätzlich gilt: Reden hilft! Es klärt Missverständnisse und kann einen eigentlich nur voranbringen. Alle wissen, woran sie sind, was man gut findet, worüber man sich ärgert und wie man sich fühlt.

Wenn man als Fachkraft nicht unangemessen von sich selbst überzeugt ist, dann kann man von Rückmeldungen nur profitieren. Vielleicht wollte man mit dem eigenen Verhalten etwas ganz anderes bezwecken als das, was bei den anderen Beteiligten angekommen ist. Rückmeldungen sorgen dafür, dass man immer besser wird in dem, was man tut, und persönlich wachsen kann. Man muss für die eigene Entwicklung allerdings gut durchdacht sortieren können, was wirklich eine konstruktive und berechtigte Rückmeldung ist – und was einfach nur Unsinn ist. Sonst macht man sich zur Marionette.

6

HERZ

Weil wir Kinderrechte leben

Kinder haben Rechte. Das will leider nicht jeder Erwachsene einsehen, aber das ist trotzdem eine Tatsache. Die Kinderrechtskonvention ist ein Vertrag aus dem Jahr 1989, welchem inzwischen 193 Staaten zugestimmt haben. Seit 1992 gilt die Kinderrechtskonvention auch bei uns in Deutschland. In zusammengefasster Version lauten die Rechte der Kinder so:

»1. Gleichheit: Kein Kind darf benachteiligt werden.

2. Gesundheit: Kinder sollen gesund leben, Geborgenheit finden und keine Not leiden müssen.

3. Bildung: Kinder sollen lernen und eine Ausbildung machen dürfen, die ihren Bedürfnissen und Fähigkeiten entspricht.

4. Information, freie Meinungsäußerung und Beteiligung: Kinder haben das Recht, sich alle Informationen zu beschaffen, die sie brauchen, um ihre eigene Meinung zu verbreiten. Kinder sollen bei allen Fragen, die sie betreffen, mitbestimmen und sagen, was sie denken.

5. Freizeit, Spielen und Erholung: Kinder müssen freie Zeit haben, sie sollen spielen und sich erholen dürfen.

6. Elterliche Fürsorge: Jedes Kind hat das Recht, mit seinen Eltern aufzuwachsen, auch wenn diese nicht zusammenwohnen. Geht das nicht, dann sollen sich zum Beispiel Pflegeeltern um das Kind kümmern.

7. Gewaltfreie Erziehung: Kinder haben das Recht, ohne Gewalt aufzuwachsen und erzogen zu werden.

8. Schutz im Krieg und auf der Flucht: Kinder müssen im Krieg und auf der Flucht besonders geschützt werden.

9. Schutz vor wirtschaftlicher und sexueller Ausbeutung: Kinder haben das Recht, vor Gewalt, Missbrauch sowie sexueller und wirtschaftlicher Ausbeutung geschützt zu werden.

10. Besondere Fürsorge und Förderung bei Behinderung: Kinder mit Behinderung sollen besonders umsorgt und gefördert werden, damit sie aktiv am Leben teilnehmen können.« (Die Rechte der Kinder von logo! einfach erklärt, S. 61)

Neben der Kinderrechtskonvention und den Gesetzen im SGB VIII findet man auch im BGB einen sehr wichtigen Paragrafen:
§1631 Inhalt und Grenzen der Personensorge
2. Kinder haben ein Recht auf gewaltfreie Erziehung. Körperliche Bestrafungen, seelische Verletzungen und andere entwürdigende Maßnahmen sind unzulässig.

All diese Gesetze und die Inhalte dieser Konvention, die uns durch unsere Arbeit mit den Kindern berühren, leben wir. Nicht weil wir uns anstrengen müssen, uns an Gesetze und Vorschriften zu halten, sondern weil all das Teil der grundsätzlichen, inneren Haltung gegenüber Kindern ist, welche Fachkräfte in sich tragen.

66. GRUND

Weil der Moment so ergreifend ist, wenn die Erstklässler mit ihrer Schultüte an uns vorbeilaufen

Jede Erzieherin kennt diese Tage – die Zeit, in der man das Gefühl hat, dass man hauptberuflich ein Papagei ist und nichts anderes tut als ein- und denselben Kindern immer wieder die gleichen Dinge zu erklären – die dann trotzdem ignoriert werden. Jeder brüllt deinen Namen, während du wickelst, verlorene Hausschuhe suchst, dich um Schürfwunden und Tränen kümmerst und nebenbei Ben die Bastelschere aus der Hand ziehst, bevor er Lea damit wirklich die Haare abschneidet. Oder ein Stück von ihrem Ohr. An solchen Tagen macht sich das Gefühl breit, nichts zu erreichen, dem einzelnen Kind nicht gerecht zu werden.

Doch dann gibt es jedes Jahr diesen einen Tag, der einen selbst in dem bestätigt, was man tut. Der Tag, an dem die Vorschüler der Kita zu richtigen Schulkindern werden. Die Einschulung der neuen Erstklässler. Immer, wenn ich an diesem Tag vor unserer Kita stehe und das Spektakel beobachte, könnte ich weinen. Vor Glück, Zufriedenheit, dem bittersüßen Abschiedsschmerz und weil mir dann immer wieder bewusst wird, wie kurz unsere Zeit mit jedem einzelnen Kind eigentlich wirklich ist.

Vergessen sind die stressigen Tage aus den vergangenen Jahren. Stattdessen sind sie alle wieder da – die schönen, besonderen Erinnerungen an Momente, die wir nur mit Kindern erleben können.

Ich erinnere mich dann an die erste Begegnung, die Eingewöhnungszeit, daran, wie klein das Kind damals war, das Händchenhalten beim Mittagsschlaf in der Kita, die gemalten Bilder, wie begeistert in Pfützen gesprungen wurde, wie es gelernt hat, alleine auf die Toilette zu gehen, wie der Wortschatz immer größer wurde und dabei die Beine immer länger. An all die konzentrierten Schreibversuche des eigenen Namens, das Knüpfen von ersten Freundschaften, die gemeinsamen Memory-Runden, Sitzkreise und Bewegungsbaustellen und wie sich nach und nach immer mehr von der einzelnen, wertvollen Persönlichkeit des Kindes entwickelte. Und während ich an all diese vielen Momente denke, die unseren Beruf so wunderbar machen, laufen die neuen Erstklässler gemeinsam mit ihren Familien an der Kita vorbei auf dem Weg in den Einschulungsgottesdienst.

Und alle winken sie uns Erziehern ganz stolz und aufgeregt zu. Stolz, ein Schulkind zu sein. Und stolz, Eltern von einem Schulkind zu sein. Und ich, ich bin einfach stolz, Erzieherin von diesen Schulkindern gewesen zu sein und sie ein Stück ihres Lebensweges begleitet zu haben.

Und plötzlich scheint jede Trotzphase und jeder noch so unbegründete Wutanfall auf dem Boden vergessen zu sein, weil das Erzieherherz vor Freude platzen könnte. Vor Freude über das, was aus jedem einzelnen Kind geworden ist. Und über das, was in Zukunft auch noch aus ihm werden wird. Und man weiß plötzlich wieder tief in sich – intensiver als an jedem anderen Tag –, dass man das Richtige tut. Und dass man irgendwie doch allen gerecht geworden ist. Mit diesem Gefühl im Bauch und einigen Tränchen in den Augen startet man in das neue Kindergartenjahr. Mit der Gewissheit, dass es das wert ist.

Weil uns viele kleine Menschen vermissen, wenn wir mal krank sind

Irgendwann gewöhnt sich das Immunsystem an die Killervirenzuchtstation namens Kindertagesstätte. Trotzdem sind Erzieher nur Menschen und werden manchmal krank. Das ist echt blöd. Man liegt zu Hause im Bett und ahnt genau, wie der Tag in der Gruppe nun mit einer Fachkraft weniger verläuft. Nicht so toll für die betroffenen Kollegen und Kinder. Denn in der Kita ist es nicht so, wie wenn jemand im Büro krank wird. Kinder sind kein Stapel Papier, den man auf dem Schreibtisch unbearbeitet zur Seite schieben kann. Kinder sind nun mal da, und es muss sich jemand um sie kümmern. Auch bei einem schlechten Personalschlüssel.

Die andere Seite dieser Medaille ist, dass Kinder natürlich auch sofort merken, wenn eine »ihrer Erzieherinnen« fehlt. Sie vermissen ihre Erzieherin und warten darauf, bis sie wieder gesund zurückkommt. Sie erinnern sich noch genau an alles, was man ihnen zuvor versprochen hatte. Das Puzzle, welches man ursprünglich gemeinsam am nächsten Tag beenden wollte, liegt noch immer unfertig auf dem Regal an der Wand, und das dazugehörige Kind zieht einen direkt dorthin, wenn man wieder zur Tür hineinkommt. Vor allem wenn man länger krank ist, warten die Kinder mit selbst gebastelten Karten, Bildern und Briefen, bis man endlich wieder da ist. Sie rufen unsere Namen, fallen uns um die Beine und halten uns fest. Ein richtiges Begrüßungskomitee. Schön, oder? Das zeugt von liebevollen, aufmerksamen und sozial kompetenten Kindern. Das kann man von seinem Stapel Papier auf dem Schreibtisch nicht behaupten.

Dass Kinder wahnsinnig einfühlsam sein können ist kein Wunder. Nehmen sie doch alle Stimmungen um sie herum ganz genau wahr, auch wenn Erwachsene ihnen etwas anderes vormachen wollen.

Wenn man als Erzieherin die Einrichtung (oder auch nur die Gruppe innerhalb der Einrichtung) wechseln muss, sind persönliche und emotionale Abschiede an der Tagesordnung. Eine kleine, wunderschöne Anekdote dazu:

Als ich vor Kurzem meine geliebte Gruppe, welche ich erst zwei Jahre zuvor selbst eröffnet hatte, verlassen musste, hatte ich schon einige Tage vorher ein komisches Bauchgefühl. Im Kalender stand ganz groß »Abschied Lisa«, und immer, wenn mein Blick darauf fiel, fühlte ich mich unwohl. Natürlich freute ich mich schon auf die neuen Aufgaben, die vor mir lagen, aber trotzdem fühlte ich mich sehr zu Hause in meiner Gruppe, mit meinen tollen Kollegen und all den tollen Kindern, die wir schon so lange gemeinsam begleiten.

Dann war es so weit, und mein letzter Arbeitstag stand vor der Tür. Irgendwann schickte mich meine Kollegin aus dem Raum. Ich sollte warten, bis sie mich wieder reinruft. Als ich wieder in unseren Gruppenraum kam, saßen alle Kinder im Sitzkreis und versteckten etwas hinter ihrem Rücken oder unter ihren kleinen Händen. Sie spielten »Mein rechter, rechter Platz ist frei« mit mir, wodurch ich nach und nach neben jedem Kind saß. Das erste Kind schenkte mir eine selbst genähte Tasche. Alle anderen Kinder hatten eine Kleinigkeit für mich, die sie in die Tasche packten, sobald ich neben ihnen saß. Gleichzeitig hatte jedes Kind einen Wunsch für mich. Ein dreijähriges Mädchen flüsterte mir zu: »Ich wünsche dir, dass du glücklich bist. Und immer einen Keks hast.« Nachdem ich neben jedem Kind gesessen hatte, meine Tasche voller Aufmerksamkeiten war und meine Augen bereits voller Tränen, brachten mir die Kinder ein großes, gebasteltes Herz und sangen mir ein Lied, welches extra auf mich umgeschrieben war. Was kann man dazu noch sagen? Ich war sprachlos vor Dankbarkeit.

Weil wir so viel Liebe geben können

Jeder, der mit Menschen arbeitet, wird es bestätigen können: Es ist stressig, es bringt einen manchmal an die eigenen Grenzen – aber es ist auch unglaublich erfüllend und wird schöner, je mehr Liebe und Positivität man selbst ausstrahlt. Denn so wie man in den Wald hineinruft – so schallt es eben auch heraus. Und gerade bei der Arbeit mit Kindern ist es doch nun wirklich simpel, so in den Wald hineinzurufen, dass der Rückruf positiv ausfällt. Ich meine, wie kann man Kinder denn nicht mögen? In keiner anderen Lebensphase ist der Mensch von Natur aus so offen, neugierig, lernfähig, wissbegierig und fröhlich. Wie könnte man da als Erwachsener selbst nicht liebevoll sein, während man mit Kindern arbeitet?

Wie im Leben außerhalb der Kita, zählt auch hier: Die Liebe zeigt sich in den kleinen Dingen. Im Tränentrocknen und Verletzungenkühlen, im Zuhören und Auf-dem-Schoß-Halten, im Mutzusprechen und Verständniszeigen. Sie zeigt sich in der Art und Weise, wie man alltägliche Situationen bewältigt, wie zum Beispiel das Anziehen der Kinder. Helfe ich dem einzelnen Kind geduldig beim

Reinschlüpfen in die Matschhose und beim Binden der Schnür-
senkel? Begleite ich das Kind mit meiner Kommunikation, gebe ich
ihm Tipps und nur so viel Hilfe, wie es wirklich benötigt, ohne ihm
dabei die Chance zu nehmen, etwas selbstständig lernen zu können? Auch wenn es damit natürlich länger dauert? Oder bin ich gestresst und fertige die Kinder so schnell es geht hintereinander ab?

All das, was für uns selbstverständlich ist, lernen Kinder gerade erst noch. Sie entdecken die Welt – und wir sind ihre Begleiter
dabei. Und auch wir können mit unserem Verhalten ihnen gegenüber beeinflussen, wie sie diese Welt erleben – als liebevoll oder
als bösartig, als berechenbar und verlässlich oder als impulsiv.
Mit unserer Körpersprache, mit Mimik und Gestik und mit unseren Worten entscheiden wir, wie wir zu dem einzelnen Kind sind.
Kinder brauchen Lob und Zuspruch, sie brauchen unsere Unterstützung und Ermutigung. Womit ich nicht sagen will, dass Kinder
gleichzeitig nicht auch klare Grenzen und klare Ansagen brauchen.
Aber eben alles im richtigen Moment. Wenn ein Kind gerade lernt,
auf die Toilette zu gehen, und dann beim Spielen die Hose plötzlich
nass ist, dann braucht es keinen Erwachsenen, der schimpft und
die Situation für das Kind damit noch unangenehmer macht, als
sie es bereits ist. Stattdessen braucht das Kind einen Erwachsenen,
der sich ehrlich mit ihm freut und jubelt, wenn das Auf-die-Toilet-
te-Gehen geklappt hat und die Hose trocken geblieben ist. Das ist
doch eigentlich ganz logisch! Wenn man uns Erwachsene bei der
Arbeit immer nur bösartig auf unsere Fehler hinweist und uns nie
jemand lobt, dann verlieren wir schnell die Motivation und das
Selbstvertrauen. Wenn wir jedoch für unsere Stärken gelobt werden, dann werden wir aus einem natürlichen Antrieb heraus versuchen, immer besser zu werden.

Gleichzeitig haben wir als Erzieher auch eine Vorbildfunktion
gegenüber den Kindern, die wir betreuen. Wie kommunizieren wir
untereinander? Sind wir wertschätzend und ressourcenorientiert?
Oder abwertend? Hören wir unserem Gegenüber zu – oder neh-

men wir uns keine Zeit dafür? Wie ist unsere eigene Haltung anderen Menschen gegenüber? Man kann Kindern vieles erklären, aber sie lernen eben durch Vorbilder, deswegen macht es wenig Sinn, von Kindern etwas zu verlangen, was man selbst im Alltag nicht lebt. Und nein, das bedeutet nicht, dass man als Erwachsener sofort sein Gespräch unterbrechen muss, wenn das Kind einen am Oberteil zieht und etwas sagen will. Das bedeutet aber, dass man es darauf hinweisen muss, dass man sich jetzt erst noch fertig unterhält und das Kind einen kleinen (angemessenen) Zeitraum warten muss. Das ist dann nicht weniger liebevoll, sondern einfach richtig im Umgang mit unseren Mitmenschen innerhalb unserer Vorbildfunktion.

Um bei der Realität in der Kita zu bleiben: An den schlimmsten Tagen mit unglaublich vielen Krankheitsfällen, wenn man als Erzieherin mit 25 Kindern alleine in der Gruppe steht und für alle die Verantwortung trägt, ist es fast utopisch zu glauben, dass man jedes Kind liebevoll beim Anziehen oder bei seinen Spielhandlungen begleiten kann. Natürlich bleibt die pädagogische Arbeit dann auf der Strecke. Trotzdem sollte und muss das die geforderte Haltung einer Erzieherin sein – ein Grund mehr, sich erneut Gedanken über einen wirklich angemessenen Personalschlüssel zu machen. Damit unsere Kinder selbst auch zu liebevollen Menschen heranwachsen.

69. GRUND

Weil wir so viel Liebe zurückbekommen

Kinder sind ehrlich und zeigen ganz klar, wen sie mögen und wen nicht. Das empfinde ich als sehr angenehm in einer Welt voller erwachsener Menschen, bei denen man so oft nicht weiß, wie viel Ehrlichkeit hinter den jeweiligen Worten steckt und was einfach nur leeres Gerede ist.

Wenn ein Kind seine Erzieherin gerne mag, dann sieht man das deutlich. Schon wenn man morgens die Tür zur Kita öffnet, stürmt so manches Kind los und fällt einem um die Beine – denn das ist nun mal die Höhe, auf der Kinder einen umarmen, wenn man als Erwachsener steht.

Den ganzen Tag über bekommt man gemalte Bilder oder etwas Selbstgebasteltes geschenkt, und nicht selten denken die Kinder auch zu Hause an ihre Erzieher – da werden zusammen mit den Eltern Plätzchen oder Muffins gebacken und am nächsten Tag freudestrahlend mitgebracht. Auch Postkarten aus dem Urlaub bekommen wir in die Kita geschickt, mit vielen lieben Grüßen von den verschiedensten Orten. Auf dem Weg in die Kita werden Blumen gepflückt, im Kinderrestaurant wird kurz vorm Mittagessen gefragt: »Frau Weisbrod, sitzt du beim Essen neben mir?«, und am Geburtstag singen die Kinder uns ein Lied.

Auch wenn die Kita-Kinder schon längst Grundschulkinder geworden sind, vergessen sie ihre Kita-Zeit und die damit verbundenen Erzieher nicht. In unserem Ort liegen Kindertagesstätte und Grundschule zusammen in einer Sackgasse und teilen sich einen Parkplatz. Wenn man dann als Erzieherin kurz vor Schulbeginn dort parkt, passiert es manchmal noch, dass ein ehemaliges Kita-Kind sich seine Portion Kuscheleinheiten bei uns abholt.

Und auf dem Dorf gibt es eine weitere schöne Tradition: Wenn eine Erzieherin heiratet, dann stehen »ihre« Kita-Kinder vor der Kirche Spalier, halten Blumen in die Luft, werfen mit Reis oder singen Lieder für das Brautpaar. Bei so viel Vermischung von Berufsleben und Privatleben mag so manch einer die Hände über dem Kopf zusammenschlagen und auf verloren gegangene Grenzen sowie fehlende Professionalität aufmerksam machen. Irgendwie stimmt das ja auch, aber mal ganz ehrlich: Was kann daran eigentlich so falsch sein, wenn Menschen in unserer heutigen Welt einfach nett und liebevoll zueinander sind?

Weil Kinder die besten Antworten geben

- ☺ Mit wem kannst du alles besprechen? »Mit meinem Gehirn.«
- ☺ Was berührst du am liebsten? »Die Hand von meiner Mama.«
- ☺ Was machst du am liebsten in deiner Gruppe? »Arbeiten, sonst nichts. Dann sind wir schon fertig. Und die Erzieher machen nur Quatsch!«
- ☺ Wie heißt denn dein Papa? »Ich hab zwei Papas. Den Papa Sven und den Papagei.«
- ☺ Und du meinst jetzt, dass die anderen Kinder das ganze Chaos aufräumen, das du alleine gemacht hast? »Ja.«
- ☺ Die Jungs haben einen Penis. Und was haben die Mädchen? »Scheide.« – »Scheibe.« – »Brotscheibe!«
- ☺ Beim Mittagessen fallen einige Schimpfwörter. Ich frage, ob die Kinder denn auch liebe Wörter kennen und diese mal sagen können. Dazu fiel den Kindern ein:
  »Bitte, Danke und Ich liebe dich.«
  »Du bist schön.«
  »Du bist nur ein bisschen dick.«
  »Prost.« – »Prost Neujahr.«
- ☺ Ein Mädchen aus meiner Gruppe wechselte in einen Kindergarten einige Orte weiter. Zufällig in den Ort, in den auch ich bald ziehen sollte. Kurz vor ihrem Umzug schaukelten wir zusammen und sprachen darüber, dass sie nicht mehr lange bei uns in die Kita gehen wird. Und wen sie dann hier vermissen wird. Sie zählte einige Kinder und Erzieher auf. Dann sagte sie: »Aber dich muss ich nicht vermissen. Du ziehst ja auch um. Du gehst ja dann auch mit mir in meinen neuen Kindergarten.« Gar nicht so einfach zu verstehen, dass nur Kinder bei einem Umzug die Kita wechseln, aber die Erwachsenen trotzdem noch in ihre alte Kita gehen dürfen.

Weil unser Alltag
ihre Kindheit ist

Dieses Gedicht ist nicht direkt über die Kita. Aber über unsere Gesellschaft. Über das, was wir von Kindern und von uns selbst ständig verlangen. Und über das, was wir vielleicht stattdessen machen sollten. Es kann nicht schaden, sich auch in der Kita immer wieder daran zu erinnern. Denn es beschreibt das, was ich jedem einzelnen Kind wünsche.

So viel ...
hetzen, rennen, rote Ampeln
sorgen, ziehen, weiterstolpern
Arbeit, Kita, Schule, Haushalt
Leistung bringen
Häuser bauen, Raten zahlen
Betongold schrubben, so schön steril
Urlaub sparen, auf Facebook posten
das bisschen Strand, alle zwei Jahre
Der Wecker klingelt, laut und zu früh
Brote schmieren, Taxi spielen
Kalenderseiten voll beschrieben
Uhren ticken, ständig müde
Hektik hat uns fest im Griff
Ist schon wieder ein Jahr rum?

Viel zu wenig ...
barfuß schlendern
trödeln dürfen
staunen können
Fenster kleben von kleinen Fingern

Krümel unterm Küchentisch
Popcorn zum Frühstück
im Garten zelten
Verstecken spielen
im Regen tanzen
und Bäume fühlen
kitzeln lassen, bis der Bauch schmerzt
Plätzchenteigschüsseln auslecken
Weihnachtslieder laut falsch singen
lieb haben, streiten und vertragen
ein Kopfsprung in die Welt der Bücher
mit Taschenlampen zur Schlafenszeit
Berge bezwingen, Knie aufschürfen
Seifenblasen fangen
Höhlen bauen
in Wiesen liegen
und Wolken raten
Wind in den Haaren
beim Fahrradfahren
Purzelbäume schlagen
Schwarze Füße
nach Sommertagen
Kinderlachen,
das klingt wie lebendiges Glück

und abends dann
getragen werden
schlafend
von geliebten Armen
in ein Bett das nach
Zuhause riecht
ein Gutenachtkuss
der sagt:

hab keine Angst
die Monster unter deinem Bett
hab ich alle verjagt

kein Animationsprogramm
nur gemeinsame Tage
Zeit, Liebe, Verständnis
nur Alltag.

und dabei ganz oft
das warme Gefühl
in Bauch und Herz,
das Kindern für immer hilft
in der kalten Welt.

72. GRUND

Weil Weihnachten nur mit Kindern schön ist

Dass die Weihnachtszeit mit Kindern bei uns immer so schön ist, hat meiner Meinung nach kaum etwas mit dem religiösen Hintergrund des Weihnachtsfestes zu tun. Natürlich lernen Kinder auch in kommunalen Kindertagesstätten etwas über die verschiedenen Religionen, ihre Feste und Bräuche. Aber darum soll es hier nicht gehen. Es geht um diese besondere und besinnliche Jahreszeit. Im Winter, wenn es im Frühdienst morgens um sieben draußen noch stockdunkel ist, bringen wir die Räume der Kita mit sanftem, indirektem Licht zum stimmungsvollen Leuchten. Wenn die Kinder den Raum betreten, scheinen sie sich automatisch dieser ruhigen, besonderen Stimmung anzupassen. Jeden Tag warten sie gespannt darauf, welches Kind die Kerzen anzünden und das nächste Türchen vom Adventskalender öffnen darf, hinter dem sich der nächste Teil einer Geschichte verbirgt.

Auch in der Kita gibt es ein Weihnachtsfest mit einer Bescherung in jeder Gruppe. Letztes Jahr war dieses Fest besonders schön. Gemeinsam suchten wir in der Einrichtung nach dem Christkind. Das wollte sich aber einfach nicht finden lassen. Bestimmt weil es so schüchtern ist und nicht von den Menschen gesehen werden will. Außerdem ist das Christkind unglaublich beschäftigt und muss immer schnell weiter zu allen anderen Kindern. Das Christkind schaffte es, seine Geschenke heimlich in unseren Gruppenraum zu stellen, während wir in den anderen Räumen auf der Suche nach ihm waren.

Wir hören noch die Glöckchen vom Christkind und sind plötzlich alle ganz aufgeregt. Das Christkind kann noch nicht weit sein! Können wir es doch noch sehen? Schnell schauten wir nach, ob wir das Christkind noch auf dem Flur entdecken können. Die Kinder sind so aufgeregt, sie quietschen vor Freude und können gar nicht schnell genug durch die Tür kommen, um den Flur abzusuchen. Doch auch auf dem Flur ist kein Christkind mehr zu sehen. Also schnell weiter zur großen, gläsernen Eingangstür der Kita. Vielleicht ist das Christkind ja inzwischen dort rausgegangen. An der Tür angekommen, ruft ein dreijähriger Junge: »Ich habe es gesehen! Es ist weiß und hat ganz viel Glitzer!« Die anderen Kinder staunen. Plötzlich haben alle Kinder es auch gesehen. Bei jedem sah es etwas anders aus. Aber bei allen hatte es viel Glitzer. Vor lauter Aufregung haben die Kinder ganz vergessen, dass die Geschenke noch unberührt im Gruppenraum liegen.

Weil es im Kindergarten keinen Rassismus gibt

Während die halbe Welt über die Flüchtlingskrise diskutiert, die AFD immer mehr Stimmen sammelt und sogar Menschen wie Donald Trump politische Macht zugesprochen wird, ist eine Kita fast schon eine Schutzzone. Wenn man Kinder in Bezug auf dieses Thema nicht beeinflusst, dann erlebt man etwas ganz Wunderbares: eine kleine Welt ohne Rassismus. Kinder erleben und benennen die Unterschiede untereinander ganz offen und neutral. Sie können sie benennen, ohne sie zu beurteilen. Sie nehmen die Menschen also einfach so an, wie sie sind. Es scheint kein Thema zu sein, ob ein Kind eine andere Hautfarbe hat oder kein Deutsch sprechen kann.

Gleiches gilt auch für den Umgang mit Kindern, die eine Behinderung haben. Ganz automatisch beginnen die anderen Kindern, das Kind zu integrieren und ihm zu helfen, wenn Hilfe nötig ist. Ohne, dass man das großartig thematisieren oder besprechen müsste. Jeder kann einfach kommen, wie er ist, und wird dann auch so angenommen.

Sobald jedoch Erwachsene anfangen, die Kinder zu beeinflussen, ändert sich das. Dabei ist es auch egal, ob die Erwachsenen die Kinder bewusst beeinflussen oder ob die Kinder nur nebenbei etwas von unangemessenen Reden aufschnappen. Kinder sind sehr feinfühlig und orientieren sich an dem, was ihre Eltern ihnen vorleben, weil sie das als richtig erachten. Das kann man ihnen ja auch schlecht verübeln. Schließlich sind die Eltern die wichtigsten Bezugspersonen des Kindes. Das Problem liegt damit eindeutig bei den Erwachsenen. Anders kann man es sich nicht erklären, warum es doch vereinzelt Kinder in der Kindertagesstätte gibt, die bereits unangemessene Ansichten in sich tragen. Vor Kurzem kam im Außengelände ein kleines Mädchen auf mich zu und sagte zu mir: »Der Negerjunge hat mich geschubst.« Ich musste erst drei Mal nachfragen und sie den Satz wiederholen lassen, bis das Wort wirklich in meinem Kopf angekommen war. Ich dachte, ich höre nicht recht! Nach einem kurzen Moment der Schnappatmung war ich dann wieder ruhig genug, um dem Mädchen zu erklären, dass wir so auf keinen Fall sprechen. Da half auch ihr Argument nicht, dass »der Opa das auch so sagt«. Also bitte! Ich dachte nicht, dass wir 2017 noch über so was diskutieren müssen. Nicht mit Opas und erst recht nicht mit Kindern. Wie kann man denn das eigene Enkelkind so beeinflussen?

Diesem Einzelfall stehen in der Kita zum Glück viel, viel mehr schöne und positive Geschichten gegenüber. So musste ich monatelang schmunzeln, wenn ich beobachten konnte, wie einige Mädels beim Spielen immer an einem dunkelhäutigen Jungen schnupperten, weil sie fanden, dass er so gut nach Kokos riecht. Alle Mädchen waren total verliebt in ihn und wollten seine schöne Haut immer wieder anfassen. Er genoss es sehr, der Hahn im Korb zu sein und damit immer viele Spielkameradinnen zu haben. Selbst beim Mittagsschlaf wollte immer jemand seine Hand halten.

Wie wunderbar, wenn man Kinder einfach Kinder sein lässt. Denn sie wissen doch von Natur aus schon so viel besser als die Erwachsenen, wie das auf dieser Welt funktionieren kann. Indem man Unterschiede einfach akzeptiert, zusammen spielt und sich im Notfall mit Händen und Füßen, begleitet von einer Fantasiesprache, unterhält. So einfach geht das.

74. GRUND

Weil es wirklich tolle und dankbare Eltern gibt

Die meisten Eltern erkennen, dass sie die Verantwortung und den Erziehungsauftrag für ihre eigenen Kinder nicht einfach an der Tür der Kita abgeben können. Das ist für uns als Erzieher ein so schönes

Gefühl, wenn es zwischen den Eltern und uns einfach reibungslos funktioniert. Wenn man sich gegenseitig Tipps und Empfehlungen geben kann und diese dann wirklich ernst genommen werden. Mit ernst nehmen meine ich nicht, dass Eltern einfach alles tun sollen, was wir Erzieher sagen – ich meine damit nur, dass sie darüber nachdenken und erkennen, dass auch wir nur das Beste für ihr Kind wollen und nichts anderes.

Viele Eltern schätzen unsere Arbeit sehr und bedanken sich dafür bei uns. Oft wird betont, dass sie sich gar nicht vorstellen können, wie stressig es wohl sein muss, wenn man nicht nur ein Kind, sondern 25 Kinder zu betreuen hat und sie selbst mit einem Kind zu Hause schon genug zu tun haben.

Auch die pädagogische Arbeit in der Kita wird immer wieder durch die Eltern unterstützt. Denn wie jeder weiß, stehen unsere Kitas am Ende der Nahrungskette, was die Finanzen betrifft. Grundsätzlich ist zu wenig Geld da, und das Wort »Haushalt« ist für Erzieher in jedem Jahr das Unwort des Jahres. Zum Glück haben wir viele tolle Eltern, die uns Kostüme für die Verkleidungskiste nähen oder Hochbeete und Baueckenpodeste bauen, neben denen jedes Möbelstück aus dem Katalog alt aussieht. Sie spenden uns Pflanzen oder Kinderküchen, stehen uns bei Festen zur Seite, binden unseren Adventskranz, engagieren sich im Förderverein oder im Elternbeirat. Sie gehen mit uns auf die Barrikaden, wenn von Trägerseite aus etwas gewaltig schiefläuft. Wir wären echt aufgeschmissen ohne »unsere Eltern«.

Vor allem zur Weihnachtszeit und kurz vor der Einschulung der Kinder zeigen die Eltern, dass sie auch unsere persönliche Arbeit schätzen. Da gibt es selbst gemachte Leckereien, Fotocollagen, kleine Geschenke und gebastelte Karten mit schönen Texten. Wir kümmern uns in unserem Job eben um das Wichtigste im Leben der Eltern – um ihre Kinder. Das sorgt dafür, dass wir persönlich auch einen anderen Stellenwert für die Eltern selbst haben, als es andere Dienstleister in ihrem Leben haben. Schließlich arbeiten wir mit kleinen und großen Menschen – und genau das macht es so schön und spannend, denn vom Aktenberg oder vom Fließband bekommt man wohl kein Dankeschön zurück.

Weil wir täglich eine individuelle Entwicklung sehen

Während andere Menschen in ihrem Beruf am Schreibtisch sitzen und sich durch Akten und Papiere kämpfen, können wir Erzieher bei unserer täglichen Arbeit etwas viel Schöneres und Wertvolleres beobachten. Wir sehen Kindern beim Wachsen zu. Wir unterstützen und beobachten mit wertschätzendem Blick ihre Entwicklung.

Das zeigt sich in so vielen alltäglichen Situationen – man muss sie nur aufmerksam genug wahrnehmen und nicht zulassen, dass der stressige Alltag einem den Blick dafür nimmt. Kinder entwickeln sich in den verschiedensten Bereichen – sei es nun in ihrer Sprache, der Fein- und Grobmotorik, im Sozialverhalten oder im kognitiven Bereich. Und dabei entwickelt sich jedes Kind in seinem ganz eigenen Tempo: Es entscheidet also individuell, mit welchem Bereich es sich zu welcher Zeit beschäftigt. Denn Entwicklung ist natürlich nicht nur schön, sondern auch anstrengend – so ein kleines Kind lernt jeden Tag deutlich schneller und viel mehr, als wir Erwachsenen das tun.

In der Kita macht es unglaublich viel Freude, die einzelnen Kinder in ihrer individuellen Entwicklung zu beobachten und zu erleben, welche Fortschritte sie machen. So zum Beispiel die zweijährige Luisa: Im letzten Sommer kletterte sie drei Wochen lang jeden Tag die vielen Stufen der großen roten Rutsche hoch, setzte sich oben hin und steckte die Beine aus. Doch gerutscht ist sie nicht. Stattdessen kletterte sie die Stufen schnell wieder runter, sobald die anderen Kinder hinten ihr meckerten, dass sie doch jetzt endlich rutschen soll, damit die Rutsche dann wieder frei ist. Doch dann, in der vierten Woche, konnte ich beobachten, wie sie die Stufen hochging, sich hinsetzte – und rutschte. So selbstverständlich, als hätte sie noch nie etwas anderes getan. Etwas überrascht von der Geschwindigkeit, die sie aufnahm, landete sie im Sand. Sie lachte und quietschte vor Vergnügen, stand auf und rannte um die Rutsche herum, um sich erneut anzustellen. Sie hatte es geschafft, dieses Hindernis zu bewältigen – ganz alleine, ohne dass jemand der Erwachsenen sie dazu gedrängt hatte. Welch ein wunderbarer Tag für ihr eigenes Selbstbewusstsein – sie hat Selbstwirksamkeit erfahren, war mutig, hat sich etwas getraut, eine neue Erfahrung im motorischen Bereich gemacht, erfolgreich ihr Gleichgewicht gehalten.

Diese kleinen Momente passieren permanent in der Kita – plötzlich braucht ein Kind keine Windeln mehr, und der Mittagsschlaf wird auch überflüssig, statt zu beißen in einem Konflikt hat das Kind ausreichend Worte erlernt, um sich damit ausdrücken und wehren zu können. Und irgendwann hat es auch genug Sprachverständnis und persönliche Reife erlangt, um Entschuldigung sagen zu können. Ein weiterer großer Schritt.

Auch bei Kindern, die aus anderen Ländern zu uns kommen, staunen wir jedes Mal erneut, wie schnell diese Kinder die deutsche Sprache lernen – einschließlich regionalem Dialekt. Da steht dann der vierjährige Junge aus Afrika in der Bauecke und brüllt in tiefstem Pfälzisch: »Mir baue so ä großes Schiff, gell?«

Gerade die Fortschritte in der Persönlichkeitsentwicklung sind wunderschön anzusehen. Wenn sich die schüchterne, fünfjährige Laura plötzlich im Stuhlkreis nicht mehr hinter ihren langen braunen Locken versteckt, sondern sich traut, etwas laut vor allen anderen Kindern zu sagen. Dann könnte man selbst auch platzen vor Freude und Stolz.

Natürlich gibt es Momente, in denen beneide ich die Büromenschen um ihre Schreibtischjobs – aber nur, weil sie dabei auf richtigen Stühlen sitzen können, während ich angestrengt versuche, meinen Hintern in der Bauecke zwischen unzählig vielen Legosteinen zu platzieren, ohne mir dabei wehzutun. Denn mal ganz ehrlich: So ein Stapel voller Papiere kann doch nicht schöner sein als das, was wir jeden Tag sehen dürfen?

7

LERNEN UND FORSCHEN

Weil wir »Vorschularbeit« leisten

Da ist es. Das böse Wort: Vorschule. Wir würden es gerne aus unserem Pädagogenwortschatz streichen, denn es beschreibt nicht das, was wir meinen, und führt häufig zu Missverständnissen. Unter der Vorschulzeit verstehen die meisten Eltern das letzte Kindergartenjahr. Also die letzten zwölf Monate, bevor es »ernst« wird. In dieser Zeit machen sich die Eltern viele Gedanken dazu, wie der Übergang und der neue Lebensabschnitt für das eigene Kind wohl verlaufen wird, ob es den Anforderungen der Schule gerecht wird, ob es sich lange genug konzentrieren kann und ob es schon lange genug still sitzen kann. Dann gehen viele davon aus, dass wir die Kinder in ihrem letzten Kita-Jahr irgendwie auf die Herausforderung Schule vorbereiten, damit sie das auch wirklich schaffen können.

Natürlich bereiten wir die Kinder auf die Schule vor. Aber das machen wir weder mit Arbeitsblättern, Schwungübungen, noch mit solchen seltsamen Ideen wie »Stillsitzen üben«. Irgendwann hat ein Vater die Frage, welche Erwartungen er an die Vorschulzeit seines Sohnes hat, mit »dass mein Kind das kleine 1 x 1 lernt« beantwortet. Nö, auch so was machen wir nicht. Ganz sicher nicht.

Aus unserer Sicht ist die Vorschulzeit die komplette Zeit VOR der Schule. Von der Geburt eines Kindes bis zum Tag der Einschulung. Denn das, was Kinder für die Schule brauchen, lernen sie nicht in dem Jahr davor. Sie lernen es von Anfang an. Alles baut aufeinander auf. Ein Schritt nach dem anderen. Der Begriff der Vorschule hält sich trotzdem standhaft, obwohl er nur wenig Sinn macht. Aber da selbst die Kinder jedes Jahr voller Stolz verkünden, dass sie nun Vorschulkinder sind, oder Vor-Vorschulkinder sind, oder Vor-Vor-Vorschulkinder sind, belassen wir es eben bei diesem Wort.

Wir sorgen in der kompletten Vorschulzeit durch unsere pädagogische Arbeit dafür, dass die Kinder Kompetenzen erwerben, die sie später auch in der Schule brauchen. Dass sie selbstständig und verantwortungsbewusst werden, soziale Kompetenzen entwickeln, sich sprachlich ausdrücken können und eine gewisse Frustrationstoleranz entwickeln. Jedes Kind in seinem eigenen Tempo. Das sind keine Kompetenzen, die man Kindern innerhalb von zwölf Monaten »beibringen« kann. Dieser Grundgedanke, dass man gewisse Verhaltensweisen und Wissen »in Kinder hineinschütten kann«, hinkt sowieso gewaltig. So funktioniert das nicht. Pflänzchen wachsen nicht schneller oder in eine bestimmte Richtung, wenn man an ihnen zieht.

Was aber im letzten Kita-Jahr wirklich wichtig ist und von den Fachkräften geleitet werden kann, ist die Kooperation zwischen Kita und Grundschule. Denn die entscheidet darüber, wie der Übergang zwischen den beiden Institutionen für die Kinder gestaltet wird. Stellt man das Ganze richtig an, ist die Einschulung kein Bruch in der Bildungsbiografie der Kinder, sondern ein Übergang, der Chancen schafft.

In unserer Kita haben wir dafür traumhafte Voraussetzungen. Eine Kita und eine Grundschule für einen Ort. Beide liegen direkt nebeneinander in einer Sackgasse, nur durch einen Zaun getrennt. Schon unsere Kleinsten kennen es, dass sie auch den Schulhof zum Rädchenfahren nutzen dürfen. Lehrer und Erzieher verbindet ein Kooperationsvertrag, der eine enge Zusammenarbeit im letzten Kita-Jahr vorsieht. Wir organisieren gemeinsame Wandertage, erleben erste »Schulstunden« im zukünftigen Klassensaal und – ganz spannend – verbringen auch die Pause danach mit den richtigen Schulkindern auf dem Schulhof. Da treffen sich einige alte Kita-Freunde wieder, man kennt sich auf dem Dorf. Es gibt einen Elternabend, der von Erziehern und der zukünftigen Lehrerin gemeinsam gestaltet wird, und die Lehrerin kommt uns auch in unserem Gruppenraum besuchen.

So weit sind noch nicht alle Kitas und Schulen. In Großstädten, in denen die Kinder mehrerer Kitas in eine Grundschule wechseln, sieht die ganze Sache alleine organisatorisch schon wieder ganz anders aus und stellt alle Beteiligten vor Herausforderungen. Da sind Kreativität und Flexibilität von beiden Seiten gefragt.

Durch die Erlaubnis der Eltern dürfen wir uns mit den Lehrern über die Vorschulkinder austauschen und können somit alle Beteiligten für die Bedürfnisse der einzelnen Kinder sensibilisieren. Vier Jahre Kita-Zeit sind deutlich aussagekräftiger als wenige Minuten Einschulungstest, der diese fragwürdige Sache namens »Schulreife« aufzeigen soll.

Es lebe das Dorfleben!

Weil Kinder auf ihrem Gebiet Experten sind

Ben, vier Jahre, erzählt mir etwas über sein momentanes Lieblingsthema: »Vulkanforscher gehen in Vulkane. Die gucken in den Vulkan, in den echten. Die gucken da, wie heiß es ist, und wenn es okay ist für die, gehen die in den Vulkan. Die gucken, wann die Lava ausbricht. Lava ist heiße Magma. Ich kenne den Kilauea. In Hawaii. Das ist ein Vulkan, der ist ganz gefährlich, der kann viel Feuer spucken. Der Vulkan ist ein Berg, und in dem Berg ist Lava drin. Der Berg spuckt Feuer aus. Lava ist Feuer. Das ist ganz heiß da.

Weil der hunderttausend Häuser in Brand gemacht hat. Kann sein, dass die tot geworden sind, die Menschen. Die sind an der gleichen Stelle gestorben.

Ich will Vulkanforscher und Taucher und die ganzen Forscher werden. Ich bin dann auch noch ein Höhlenforscher. Wenn ich groß bin, dann schlafe ich am Tag, weil ich nachts besser die Höhlen erforschen kann. Da hab ich eine Lampe auf dem Kopf mit acht Lichtern.

Wenn ich Vulkanforscher werde, erforsche ich, wie heiß es im Vulkan wird. Ich bin dann am Krater, aber ich schaue nur rein. Da braucht man Geräte und Schutzkleidung. Falls die nicht wissen, dass der Vulkan ausbricht. Da braucht man silberne Schutzkleidung, ganz feste, überall. Und einen Helm. Da hab ich eine weiße Scheibe drin. Die ist auch ganz fest.

Geräte braucht man nur eins. So ein Gerät, wo draufsteht, wie heiß es im Vulkan ist und wie viel Grad es ist. So ein Navigerät, wo das alles draufsteht.

Dann muss man üben, in den Vulkan zu klettern. Wenn man dann schon groß ist, vielleicht erwachsen, dann muss man üben. Mit Schutzkleidern. Wenn man im Vulkan ist, kann ich dann auch meine Sauerstoffflasche mitbringen. Die sind so rot. So wie Feuerlöscher.

Die Taucher haben Wassersauerstoffflaschen. Ich glaube, die müssen dann blau aussehen. Damit kann man Schätze unten rausfischen. Es kann sein, dass Piratenschiffe untergegangen sind, da sind die Schätze rausgefallen. Piraten sind Seeräuber mit Schwertern. Und Pistolen. Der Captain Crock ist ein Pirat. Der ist stärker, weil der auch noch ganz viele Matrosen hat. Das sind Piraten, die dem Captain helfen.

Ich habe ein Schiff gebaut, da sind Treppen, und dann gehen die Diebe da hoch und fallen ins Wasser. Das sind Kriegsschiffe, die Deutschland beschützen vor Dieben, die Deutschland Geld klauen, da muss sich die Polizei dann nicht so schnell anziehen.

Wenn ich Taucher bin, dann kann ich auf dem Meeresgrund Schätze sammeln, zum Beispiel Sandmuscheln und noch Kristall, und dann hab ich noch ein Netz in der Hand, dass ich da reinsammeln kann, und wenn das voll ist, dann komm ich wieder ans Oberwasser. Dann komm ich zum Kopilot und in den Hubschrauber. Die Schätze kommen dann in den Hubschrauber, und dann gehe ich wieder vom Oberwasser in den Meeresgrund. Da ist Sand. Der Kopilot fliegt den Hubschrauber.

Einmal hab ich schon ein Skelett gefunden. Das hab ich mit nach Hause genommen. Das hab ich in mein Geheimversteck gemacht. Ich will in eine Vulkanschule gehen. Da lernt man viele Sachen über Vulkane.«

Dieses große Interesse, die Neugierde, die ehrliche Begeisterung und der natürliche Drang nach Wissensvermittlung. Wunderbar, oder? Da kommt man ganz schön ins Staunen. Das pädagogische Fazit einer Erzieherin wäre dann übrigens Folgendes:

Wir eröffnen eine Vulkanschule in der Kita. Also ein Projekt über Vulkane. Ben und einige andere Kinder, die sich für dieses Thema interessieren, können mitmachen. Dabei experimentieren wir, bauen Vulkane nach, lesen Bücher zu diesem Thema und suchen gemeinsam Antworten auf offene Fragen. Und vielleicht entsteht während dieses Projekts unter den Kindern auch schon das Thema für das nächste Projekt? So passiert bei uns Bildung.

78. GRUND

Weil Kinder die schönsten Fragen stellen

Etwa zwischen dem zweiten und dritten Lebensjahr befinden sich Kinder mitten im sogenannten Fragealter. Permanent hört man: Was machst du da? Was ist das? Warum? Warum machst du das? Wo gehst du hin? … Für Erwachsene ist das häufig eine anstrengende Zeit, denn wenn man permanent auf Fragen antworten muss, wird einem ziemlich schnell bewusst, wie viele Dinge man eigentlich gar nicht weiß, nicht erklären kann oder schlichtweg selbst noch nie hinterfragt hat. Und nein, natürlich zählt »weil« nicht als eine zufrieden stellende Antwort. Kinder brauchen Antworten auf ihre Fragen, sonst hören sie irgendwann auf zu fragen. Und das sollen sie nicht, denn wir wollen doch alle eigentlich, dass sie sich ihre kindliche Neugierde behalten und damit die Welt entdecken.

Einige Zeit später kommen in der kindlichen Entwicklung zu diesen Wissensfragen dann auch noch die ganz heiklen Fragen dazu: Wie kommen die Babys in den Bauch, und vor allem, wie kommen sie da wieder raus? Und welche Augenfarbe hat denn das Baby? Die Mama hat doch da unten ein Loch, da kann man doch schon reingucken und die Augenfarbe sehen, oder? Ja, Kinderfragen machen so richtig Spaß. Und jetzt nur keine Panik bekommen – es gibt zu jedem Thema Fachliteratur. Eigentlich. Denn manchmal, da fällt einem wirklich nichts mehr ein. So hatten wir einmal den kleinen Julian in unserer Gruppe, der sich in schweren Momenten immer von seiner Lieblingserzieherin Frau Schmidt trösten ließ. Frau Schmidt trug ihn dann auf ihrem Arm umher, und Julian kuschelte sich eng an ihren Oberkörper. Eines Tages war Frau Schmidt jedoch nicht da, und Julian ließ sich von einer anderen Erzieherin trösten. Genau wie bei Frau Schmidt kuschelte er sich an sie. Nachdem er sich beruhigt hatte, fragte er die Erzieherin »Du, hast du eigentlich auch eine Brust?« Die Erzieherin erklärte ihm, dass sie ja eine Frau sei und deswegen natürlich auch eine Brust habe und für was eine Brust wichtig ist. Julian hörte gespannt zu und stellte dann nur noch eine Frage: »Kannst du deine Brust dann morgen mal mitbringen?«

79. GRUND

Weil wir so viel von Kindern lernen können

Kinder besitzen viele Eigenschaften, die wir Erwachsenen im Laufe der Jahre leider irgendwie verloren haben. Für Kinder ist es erst einmal ganz natürlich, ehrlich zu sein. Offenheit und Unbefangenheit gehören zu ihrem natürlichen Wesen. Für Kinder gibt es keine Themen, die auf der »Roten Karte« stehen. Sie machen sich keine

Gedanken darüber, ob eine Frage peinlich oder dumm sein könnte. Sie fragen einfach, um die Antwort zu erfahren. Schamgefühl, wie wir es kennen, gibt es noch nicht. Jedes Körperteil ist erst einmal einfach ein Körperteil, der Intimbereich so normal wie ein Arm oder die Nase.

Kinder leben ihre Gefühle aus, so wie sie kommen. Es gibt kein Unterdrücken, kein Hinunterschlucken, kein falsches Lächeln. Kinder sind einfach authentisch. Sie fühlen mit anderen Menschen, erkennen deren Emotionen und fragen einfach »Warum weinst du?« – ohne Belehrungen und ohne peinlich berührt zu sein vom emotionalen Ausbruch des Gegenübers.

Kinder sind nicht nachtragend. Sie streiten sich, sie brüllen, sie weinen, sie werfen mit Sand und hauen sich auch mal die Schippe auf den Kopf. Und danach können sie trotzdem wieder Freunde sein und zusammen die große Sandburg bauen.

Kinder sind neugierig, kreativ und haben Lust darauf, die Welt zu entdecken. Sie spielen die schönsten Spiele. »Lernen«, so wie wir es kennen (als Zwang, unter Druck vor einer Klausur, als Mittel zum Zweck), ist ihnen fremd.

Kinder lachen bis zu 400-mal an einem Tag – wir Erwachsenen hingegen nur noch etwa 15-mal pro Tag. Wann ist uns das ganze Lachen verloren gegangen? Wann haben wir zugelassen, dass wir so wenig zu lachen haben im Leben?

Als Erzieherin in der Kita wirst du jeden Tag daran erinnert, wie viel es zu lachen gibt in diesem Leben – du musst es nur zulassen, ein bisschen mehr wie die Kinder auf die Welt zu blicken.

Weil wir Kindern vorlesen dürfen

»Wenn du einen Garten und eine Bibliothek hast,
wird es dir an nichts fehlen!«

CICERO

Welch eine wunderbare Ehre, Kindern vorlesen zu dürfen! Bücher, das sind mir persönlich die allerliebsten Medien. Richtig eingesetzt, können sie Kinder mitnehmen auf eine zauberhafte Reise durch unbekannte Welten, Wissen vermitteln, Sprachanlässe schaffen und Kreativität fördern. Bücher haben für die Entwicklung der Kinder den digitalen Medien gegenüber viele Vorteile. Sie regen dazu an, miteinander zu sprechen. Denn jede Seite, jedes Bild, jeder Satz hat das Potenzial, dass man sich gemeinsam mit dem Kind darüber austauschen kann. Es gibt in Büchern keine unzähligen Bilder, welche in rasendem Tempo vor den Augen der Kinder vorbeiflimmern. Stattdessen bestimmt das Kind die Geschwindigkeit. So kann man sich ganz individuell mit den verschiedenen Seiten des Buches beschäftigen und auf die Themen und Fragen des Kindes eingehen.

Spielerisch lernen Kinder dabei, sich zu konzentrieren, Interesse für die Schriftsprache zu entwickeln und ganz nebenbei auch Empathie. Wer einem Kind vorliest, schenkt ihm Zeit und Aufmerksamkeit. Da braucht es keine Geräuschkulisse wie beim Fernseher. Stattdessen macht man die passenden Geräusche dazu einfach selbst. Wie hört sich denn die kleine Babykatze an, wenn sie laut nach ihrer Mama ruft? Und wie klingt das Öffnen der alten, hölzernen Tür, die in das Haus der Hexe führt?

In unserer Kita gibt es ein paar Bücher, die grundsätzlich immer beliebt sind. Richtige Klassiker eben. Dazu gehören unter anderem die *Die kleine Raupe Nimmersatt*, *Der Grüffello* und *Das Grüffello-*

Kind sowie *Für Hund und Katz ist auch noch Platz.* Die Kinder lieben die Sprache dieser Bücher und sprechen die Reime mit.

Während wir Erwachsene die meisten Bücher nur einmal lesen, wollen Kinder häufig immer und immer wieder ein und dieselben Bücher hören. Ihnen wird dabei kein bisschen langweilig. Ganz im Gegenteil! Kinder lieben es, wenn sie Teile der Geschichte bereits mitsprechen können. Sie warten gespannt auf ihre Lieblingsseite im Buch und staunen noch immer über ein und dasselbe Bild. Wie wunderbar! Bücher sind einfach ein kostbares kulturelles und gesellschaftliches Gut.

Sehr wertvoll finde ich es auch, wenn Eltern oder Großeltern zu uns in die Kita kommen, um den Kindern vorzulesen. Danke dafür!

81. GRUND

Weil wir so viel mit Kindern lernen können

Kinder sehen die Welt mit anderen Augen, als wir Erwachsene das tun. Für sie gibt es keine Monate, Wochentage und Uhrzeiten, so wie es die für uns gibt. Es gibt einfach den heutigen Tag, das Hier und Jetzt. Alles, was diese Welt zu bieten hat, ist neu und aufregend. Kinder schauen nicht auf die Uhr, sie schauen sich in der Welt um und verlieren sich ganz in ihrem Spiel. Sie rennen barfuß über Wiesen, machen Sand-Engel im Sandkasten und beobachten dabei, wie die Wolken am Himmel vorüberziehen. Und weil sie im Hier und Jetzt leben, erfahren sie durch ihre Sinne viel mehr über die Umwelt, als wir es tun. Sie spüren das Kitzeln der Sonnenstrahlen im Frühling, riechen den Duft des Sommers, erforschen die Kälte und Beschaffenheit von Eis im Winter, springen jubelnd in Pfützen – egal ob sie dabei schmutzig werden oder nicht. Sie sitzen mit Badeanzug und Sonnenhut mitten im Matschplatz, backen Kuchen in ihren Förmchen und erfreuen sich an dem glitschigen Gefühl der

Wasser-Sand-Mischung. Kinder haben ein ganz anderes Verhältnis zur Natur. Sie sind voller Neugier, Ideen und Kreativität. Sie strahlen vor Freude und Ausgelassenheit und sind sorgenfreier, als wir es sind.

Wir Erwachsenen haben zwei Möglichkeiten: Wir können Kinder entweder einengen, in ihrer Neugierde bremsen, nicht auf ihre Entdeckerfragen eingehen und ihnen abverlangen, die Welt schnellstmöglich aus unserem Blickwinkel zu sehen – ein Blickwinkel voller Stress, Termine, Druck, Leistungserwartung und Erfolgsorientierung. Oder wir wählen die andere Möglichkeit und begeben uns auf Augenhöhe mit den Kindern. Erforschen mit ihnen auf allen vieren die Insekten auf der Wiese, erleben alle Tage und Jahreszeiten auf ihre sinnliche Art und Weise – einfach, um sie zu erleben, nicht um etwas Bestimmtes daraus zu machen. Wir wissen natürlich schon mehr über diese Welt als die Kinder – aber das bedeutet noch lange nicht, dass wir damit glücklicher sind. Wenn wir uns aber dazu bereit erklären, zusammen mit den Kindern die Welt neu zu entdecken, ein Forschungspartner auf ihrer Reise durch die Umwelt zu sein, dann erfahren auch wir selbst plötzlich etwas ganz Wichtiges: Entschleunigung, Achtsamkeit und Glück. Das können wir Erzieher jeden Tag erleben, wenn wir den Kindern einfach zuhören. Wenn wir bereit sind, ihre Bildungsthemen zu beobachten und zu erkennen und wir ihnen dann keine vorgefertigten Antworten auf ihre Fragen geben, sondern uns ernsthaft gemeinsam mit ihnen auf die Suche nach Antworten machen. Denn mal ganz ehrlich, wissen Sie, ob Bienen auch auf Toilette müssen? Warum der Himmel blau ist? Und warum Schiffe auf dem Wasser schwimmen? Nein, einfach googeln gilt nicht. Los, machen Sie sich auf die Reise.

Weil Kinder uns das Leben erklären –
oder eben das Sterben

Beim Memoryspielen mit David und Mats (beide vier Jahre alt), drehe ich eine Karte herum, auf der ein Flugzeug abgebildet ist. Dabei kommen die beiden plötzlich auf das Thema Sterben und erzählen dazu:

David: »Wenn man tot ist, ist man im Himmel. Da schwebt man wie ein Flugzeug.«

Mats: »Die Katzen sind im Katzenhimmel – das ist der blaue da.«

David: »Der Hundehimmel ist orange, gell.«

Mats: »Äh, es gibt doch gar keinen orangenen Himmel!«

David: »Doch, der ist in Afrika.«

Und wo sind die Menschen, die sterben?

David: »Die Menschen sind im Menschenhimmel.«

Gibt es denn dort auch Essen und Trinken?

Mats: »Nein. Die können da oben den Schnee fangen und den essen.«

David: »Und Rapunzel wohnt da oben. Ein einziges Haus. Der Löwe ist auch im Tierhimmel. Und der Tiger und der Leopard.«

Und was passiert, wenn dann ein Flugzeug durch den Himmel fliegt?

David: »Der Leopard beißt dem Flieger in den Flügel. Dann ist der platt. Dann fällt der runter.«

Und was kann man im Himmel spielen?

Mats: »Einen Schneemann aus Wolken.«

David: »Meine Oma ist auch im Himmel. Die schaut runter zu uns. Und wie mache ich das, wenn ich ein Bild male und der das zeigen will?«

Mats: »Man kann nicht einfach im Himmel anrufen. Weil wenn man stirbt, dann nimmt man gar kein Handy mit.«

Auch Sandra, ein Vorschulkind, hat bereits eine Meinung zum Sterben:

»Wenn man tot ist, dann ist man vergraben. Der Herz kann im Krankenhaus sein. Meine Oma ist vergraben. Die guckt vom Himmel, aber die ist trotzdem vergraben. Wenn ich sie vermisse, schreibe ich einen Zettel für sie und vergrab den. Ich leg mich aufs Trampolin und schaue auf die Wolken. Da steht oben die Oma und das, was ich geschrieben habe. Nicht die echte Oma, sondern die Oma aus Wolken gemacht. Und dann kommt am Himmel noch was anderes geschrieben, was sie zu mir schreibt. Aber das ist ein Geheimnis. Nur einmal stand da: ›Du bist mein liebster Schatz, ich liebe dich, ich kann dich sehen, aber ich bin in den Wolken gefangen.‹«

Die Geburt und der Tod gehören zum Leben dazu. Auch zum Leben unserer Kinder, selbst wenn wir Erwachsene den Kindern das Thema Sterben gerne ersparen würden. Doch das Leben hat seinen eigenen Kreislauf, und so werden bereits Kinder häufig mit einem großen Verlust konfrontiert. Vielleicht stirbt das Haustier, Oma oder Opa oder das Baby, das bereits bei Mama im Bauch gewachsen ist und auf das man sich in der Familie schon so sehr freute.

Dann stehen Eltern häufig vor der Frage: Wie gehe ich meinem Kind gegenüber damit um? Darf ich offensichtlich traurig sein und weinen? Oder muss ich stark sein und darf nur heimlich trauern? Kann mein Kind schon an der Beerdigung teilnehmen? Wie soll ich seine Fragen beantworten? Fragen über Fragen.

Es ist wichtig, dass Eltern die Erzieher über solche Geschehnisse informieren, damit auch in dem Lebensbereich der Kita bestmöglich auf die Situation des Kindes eingegangen werden kann. Wir pädagogischen Fachkräfte besprechen mit den Eltern zusammen, wie in jedem individuellen Fall mit dem Thema Tod umgegangen werden soll. Ein komplettes Patentrezept gibt es nicht, jedes Kind und jede Familie ist anders. Aber im Allgemeinen gilt: Kinder trauern anders als Erwachsene, aber sie trauern. Nicht jedes Kind kann seine Trauer in Worte fassen, deswegen müssen Erzieher und Eltern genau hinsehen. Vielleicht zeigt das Kind seine Trauer durch Schlafstörungen, schlechte Träume oder Trennungsängste. Gerade kleine Kinder können noch nicht verstehen, dass der Tod unveränderbar ist und die verstorbene Person wirklich nicht mehr zurückkommt.

Man möchte das Kind natürlich nicht überfordern und irgendwie schützen. Damit Kinder keine eigenen Schreckensfantasien entwickeln, ist es jedoch wichtig, sie altersgerecht zu informieren und ihnen die Wahrheit zu sagen. Kinder sollten ernst genommen und miteinbezogen werden, auch bei der Frage, ob sie zur Beerdigung mitkommen möchten. Dazu muss man dem Kind zuvor erklären, was eine Beerdigung überhaupt ist und was dort passiert. Nur durch Informationen und liebevolle Begleitung können Kinder sich ihr eigenes Bild vom Sterben machen und den Tod als Teil des Lebens anerkennen.

Gleichzeitig sollte der normale Alltag mit all seinen Ritualen möglichst weiterhin gelebt werden. Man muss gar nicht warten, bis im nahen Umfeld des Kindes der Tod eines geliebten Menschen oder Tieres eintritt. Auch Situationen wie der Fund eines toten Vogels beim Spazierengehen bieten erste Gesprächsanlässe und verhindern, dass aus dem Sterben ein Tabu-Thema wird.

Weil wir manchmal auch selbst noch Kind sein dürfen

Als Forschungspartner mit den Kindern auf Augenhöhe die Welt zu entdecken – das bedeutet auch, dass wir selbst manchmal noch Kind sein dürfen. Dass wir viele kindliche Spieltätigkeiten ganz selbstverständlich auch machen dürfen – jeden Tag. Auch wir dürfen bzw. müssen sogar begeistert sein von den vielen kleinen, schönen Dingen, die diese Welt zu bieten hat. Wir können rutschen und im Sand buddeln, wild tanzen und laut zur Musik mitsingen. Wir dürfen beim Kirschkerne-Weitspucken mitmachen und auf dem Bauernhof ganz oben auf dem Traktor sitzen oder durch das Stroh hüpfen. Wir dürfen kneten und mit den Fingern malen – oder auch mit unseren nackten Füßen. Wir dürfen Burgen und Schiffe bauen und Wettrennen mit Autos machen. Wir dürfen im Sommer mitten im Matsch stehen und so darin hüpfen, dass es überallhin spritzt. Wir dürfen lachen und viel Spaß haben auf der Arbeit. Wir dürfen Kindermusik und Reime als Ohrwürmer mit uns tragen und sie immer wieder mit den Kindern singen und sprechen – weil vor allem die Kleinsten diese Wiederholungen so gerne mögen. Manchmal ist es schwierig, dabei die Grenze zu finden. Man kann nicht einfach aufhören damit, wenn man nachmittags die Kita verlässt. Zu verführerisch ist diese fröhliche, kindliche Sicht auf das Leben. Und all das, was dazugehört.

Wenn ich dann auch abends privat ohne ein Kind im Auto sitze und ganz laut die Lieder der Eiskönigin mitsinge, dann kommt mir das total normal vor. Schließlich mache ich das ja am Vormittag auch. Wenn mein Verlobter dann irgendwann das Radio leiser dreht und sagt: »Ja Schatz, du bist die tollste Eiskönigin von allen« – dann muss auch ich kurz lachen, weil mir bewusst wird, was ich da eigentlich gerade mache.

Alles, was wir machen, ist natürlich mehr als Spielen. Wir arbeiten dabei pädagogisch, denn Kinder lernen nun mal beim Spielen. Das ist für Außenstehende nicht immer leicht zu verstehen – doch mit dem nötigen Fachwissen sieht man die Bildungsprozesse, die jede Spielsituation in einem Kind anstößt. Und wenn auch wir Erzieher dabei Spaß haben – dann ist das doch nur umso besser.

Einmal mussten meine Kollegin und ich beruflich schaukeln. Natürlich nur aus, na ja sagen wir einmal, absolut pädagogischen Gründen – das versteht sich doch von selbst! Es war Sommer, und wir waren nachmittags mit einer kleinen Gruppe Kindern im

Außengelände. Zwei Jungs schaukelten nebeneinander. Immer wieder stoppten sie, sprangen von der Schaukel und riefen: »Wer will schaukeln? Die Schaukel ist frei!« Wenn dann aber zwei andere Kinder angerannt kamen, um nun auch schaukeln zu können, dann setzten sich die beiden Jungs schnell wieder auf die Schaukeln und lachten. Wir beobachteten die Situation einige Zeit. Die anderen Kinder kamen nach und nach zu uns und beschwerten sich über die Jungs. Als die beiden das nächste Mal von der Schaukel sprangen, rannten meine Kollegin und ich schnell hin und setzten uns auf die Schaukeln, bevor die Jungs eine Chance hatten uns daran zu hindern. Verblüfft standen sie vor uns und fanden ihr eigenes Spiel plötzlich gar nicht mehr so lustig. Wir allerdings schon – denn ohne dass wir schimpfen mussten, hatten die beiden ihre Lektion für diesen Tag gelernt.

Nur die Eltern schauten beim Abholen ihrer Kinder etwas verwundert, warum die beiden Erzieherinnen nun ohne Kinder schaukeln und so herzlich dabei lachen.

Dabei sollte man genau das als Erwachsene wirklich viel öfter machen. Setz dich sich bei der nächsten Gelegenheit einmal barfuß auf eine Schaukel. Spüre den Sand unter deinen Füßen, die Sonne im Gesicht und diesen herrlichen Wind in den Haaren, während du durch die Lüfte schwingst. Es gibt kaum etwas Entspannenderes – ein Kurzurlaub auf dem Spielplatz sozusagen. Kinder sind das beste Alibi dafür.

Weil Protestieren in der Kita noch funktioniert

Immer wieder wird darüber diskutiert, ab wann man Kindern demokratisches Grundverständnis näherbringen sollte und kann – meiner Meinung nach ist die Antwort ziemlich einfach: bereits im

Kita-Alter. Und nein, damit meine ich nicht diese falsch verstandene Art von Partizipation, bei der einige Eltern von ihren zweijährigen Kindern irgendwelche Entscheidungen fordern, welche diese noch gar nicht treffen können. Also nicht diese Endlosschleife aus: »Mein Schatz, möchtest du das oder das? Soll die Mama dir jetzt das geben oder lieber das geben? Schätzchen, die Mama muss gleich gehen, willst du lieber das machen oder das machen?« Bitte, bitte nicht! Hier geht es um etwas anderes:

Es geht vielmehr darum, dass Kinder lernen, sich eine eigene Meinung zu bilden, die Meinungen und Argumente der anderen anzuhören und wahrzunehmen. Und ebenso, dass Kinder erleben, wie Entscheidungen in einer Gruppe getroffen werden – mit dem Mehrheitsprinzip. Und dass diese dann auch von der Gruppe getragen werden müssen. Das kann man bereits im Kita-Alter ganz spielerisch lernen. So zum Beispiel mit der Turm-Methode. Dann sitzen wir zusammen im Kreis, besprechen ein Thema und einigen uns auf zwei Lösungen, die zur Wahl stehen. Stellvertretend für die eine Lösung liegt ein blaues Blatt auf dem Boden – stellvertretend für die andere Lösung liegt ein rotes Blatt auf dem Boden. Jedes Kind im Kreis bekommt einen Legostein in die Hand. Nun darf einer nach dem anderen aufstehen und seinen Stein auf einen Turm bauen – entweder auf dem roten Blatt oder auf dem blauen Blatt. Am Ende wird die Höhe der Türme verglichen – der höhere Turm gewinnt, und die Entscheidung ist damit gefallen. Für die Kinder ist das anschaulich und einfach zu verstehen – sie merken, dass ihre eigene Stimme die Höhe des Turmes beeinflusst. Und bald passiert dann unter den älteren Kindern sogar genau das, was in der echten Politik auch passiert – es werden Versprechen gemacht, um auch die Legosteine der Freunde auf den Turm zu bekommen, den man selbst am besten findet. Manchmal wird dann auch gedroht: »Dann lade ich dich nicht zu meinem Geburtstag ein!« oder »Dann bist du nicht mehr mein Freund!«. Auch das ist natürlich ein Übungsprozess – die Meinung des anderen einfach zu akzeptieren.

Am schönsten ist es dann, wenn man zu einer anderen Zeit im Kita-Alltag sehen kann, dass ein Kind das Prinzip verstanden hat. So wie bei Lena. Letzten Sommer, an Lenas letztem Tag in der Kita, bevor die Sommerferien starteten und sie danach zum Schulkind wurde, hat Lena uns allen gezeigt, dass sie das Prinzip der Mehrheitsentscheidungen verstanden hat – und es sehr kreativ und energisch umsetzen kann.

Lena wollte an diesem Tag unbedingt die DVD der Eiskönigin in der Kita schauen. Eigentlich hatte ich ihr bereits am Tag zuvor erklärt, dass wir das zeitlich nicht schaffen – aber Lena brachte die DVD trotzdem mit. Ich erklärte ihr erneut die Gründe, warum das heute nicht geht. Lena hörte sich alles an und ging dann nach draußen ins Außengelände, während ich mich mit einer Mutter vor dem Büro unserer Chefin unterhielt. Wenige Minuten später wurde es laut auf dem Flur. Etwa 25 Kinder stürmten brüllend auf mich zu – angeführt von Lena, welche die DVD mit beiden Händen hoch über ihren Kopf hielt und mit ihren Füßen laut trampelte beim Laufen. Gemeinsam schrien sie: »Wir wollen Elsa! Wir wollen Elsa!« und blieben vor mir stehen.

Lachend schickte ich den kleinen Protestzug ins Büro zur Chefin und sagte, dass sie das nun wohl mit ihr ausmachen müssten. Meine Chefin staunte nicht schlecht und fragte die Kinder, was sie denn alles benötigen, um die DVD ansehen zu können. Sie überlegten zusammen und kamen dann zu der Antwort: den Beamer, den Laptop und die Musikboxen. Die Kinder – allen voran noch immer Lena – bekamen also die Aufgabe, sich diese Dinge durch Nachfragen bei den Kollegen in der Kita selbst zu organisieren. Wer hat das? Und wer kann uns das aufbauen? Und in welchem Raum können wir das machen? Aufgeregt rannten sie durch die komplette Kita und organisierten sich in Windeseile ihren eigenen Kinosaal. Nachdem alles aufgebaut und vorbereitet war, kamen sie stolz zu mir, damit ich die DVD endlich anmache. Das tat ich dann natürlich gerne – denn so viel Ideenreichtum, die Organisation eines eigenen Protestzuges und all der benötigten Gerätschaften soll ja auch gewürdigt werden. Zur Belohnung gab es dann ausnahmsweise Popcorn für alle – und ein großes Lob an Lena, welche wirklich bewiesen hatte, dass es für sie nun an der Zeit war, endlich in die Schule gehen zu können.

Weil Kinder hundert Sprachen haben

… sagt Loris Malaguzzi (1920-1994), ein italienischer Pädagoge und Vertreter der Reggio-Pädagogik. Diese hat ihren Ursprung in der italienischen Stadt Reggio Emilia. Loris Malaguzzi leitete dort mehrere Einrichtungen. In seinem Gedicht *Die hundert Sprachen des Kindes* aus dem Jahr 1985 kritisiert er die Einschränkung der Entwicklung unserer Kinder durch die Erwachsenen und zeigt gleichzeitig das Bild des Kindes auf, welches in der Reggio-Pädagogik gelebt wird.

Dabei geht es darum, das Kind als Entdecker, Forscher und Konstrukteur seiner eigenen Entwicklung zu sehen, welches durch aktives Experimentieren und Ausprobieren lernt. Diese Einstellung erfordert das Vertrauen der Erwachsenen in die Fähigkeiten eines Kindes. Die Erzieher haben in der Reggio-Pädagogik die Rolle der Begleiter, Beobachter und Forschungspartner der Kinder. Sie sehen jedes Kind in seiner Individualität, sind ihm gegenüber aufmerksam und interessiert. Denn das Kind lernt nicht nur für sich alleine, sondern im Austausch mit anderen Menschen. Dazu braucht es liebevolle und positive Beziehungen. Nur so kann es selbstständig die Welt entdecken, über das Erfahrene nachdenken und sich darüber austauschen. In der Reggio-Pädagogik dürfen die Kinder sich mit den Themen beschäftigen, für die sie selbst brennen. Denn es lernt sich logischerweise leichter, wenn die Bildungsthemen bedeutend für einen selbst sind.

Am Ende des Gedichtes von Loris Malaguzzi widerspricht das Kind den Erwachsenen, die ihm seine Art, die Welt zu entdecken, nehmen wollen. Um Kindern eine gesunde Entwicklung zu ermöglichen, sollten wir ihnen das »Kind sein« inklusive der kindlichen Art zu lernen nicht nehmen. Damit es erst gar nicht dazu kommen muss, dass Kinder um dieses natürliche Recht kämpfen müssen. Glücklicherweise finden sich heute in vielen Kitas die Elemente der Reggio-Pädagogik, welche den Blick so wunderbar auf das Kind richtet.

Weil Kinder so schön schlafen

Es gibt wohl kaum etwas Beruhigenderes als schlafende Kinder. Das wird jeder bestätigen, der schon einmal erlebt hat, wie ein kleines Kind auf ihm eingeschlafen ist. Die Wärme und die gleichmäßige Atmung des Kindes wirken auf Erwachsene meistens entspannender als alles bisher Gekannte. Man wird automatisch innerlich ruhiger und muss lächeln, wenn man dieses kleine, schlafende Wesen betrachtet.

Da Kinder heute häufig eine sehr lange Zeit in der Einrichtung verbringen, gehört auch der tägliche Mittagsschlaf zu unseren Aufgabenbereichen. Nach einem turbulenten Vormittag in der Kita, der Raubtierfütterung und der damit nötig werdenden Grundsäuberung bringen die Erzieher die Kinder zum Mittagsschlaf in den Schlafraum. Dabei gilt: Gute Vorbereitung ist alles. So wissen wir von jedem einzelnen Kind genau, was es braucht, um einzuschlafen: Welches Kuscheltier und welcher Schnuller, sollen die Socken an oder aus, hat das Kind eine eigene Decke dabei, oder benutzt es eine von der Kita, und wie soll diese Decke liegen – nur über den Füßen, bis zum Bauch oder über dem ganzen Körper?

Braucht das Kind die Hand einer Erzieherin zum Einschlafen, will es am Rücken gestreichelt werden oder lieber ganz in Ruhe einschlafen? Wir wissen genau, wer neben wem schlafen kann und welche Kombination von Kindern nicht zum Schlaf, sondern zur Kissenschlacht führen wird. Wir kennen die richtigen Worte, mit denen sich das einzelne Kind beruhigen lässt, und wissen genau, wie hell oder dunkel es im Raum sein muss, damit wirklich alle Kinder in den Schlaf finden.

Wie oft hören wir von den Eltern zu Beginn der Kita-Zeit: Also mein Kind schläft hier in der Kita bestimmt nicht so einfach. Zu Hause müssen wir zu zweit neben dem Bett sitzen und singen, bis er mit seinem Fläschchen in der Hand eingeschlafen ist. Dann robben wir fast lautlos über den Boden aus dem Zimmer und hoffen, dass er nicht aufwacht, wenn wir die Tür von außen schließen.

Klingt etwas übertrieben formuliert – ist aber nicht weit weg von der Realität einiger Eltern. Da schlafen die zweijährigen Kinder noch immer nur auf dem Arm der Mutter ein, während diese durch die Wohnung laufen und ein ganz bestimmtes Lied singen muss. Und so kommen diese Kinder dann in die Kita, in der 20 Kinder in einem Raum schlafen müssen und es natürlich keine 20 Erzieher gibt, die jedes einzelne Kind auf dem Arm tragen können. Das erfordert von den Erziehern immer wieder viel Fingerspitzengefühl und Kreativität – und von den Kindern eine hohe Anpassungsleistung.

Als Leon mit zwei Jahren in unsere Gruppe kam, erzählte uns die Mutter, dass er zu Hause nur auf ihrem Arm schläft. Wir fieberten also während der Eingewöhnung dem Tag entgegen, an dem er das erste Mal bei uns schlafen sollte. Es kam, wie es kommen musste: Leon saß weinend und schreiend auf seinem Bett, nicht bereit, sich hinzulegen. Grundsätzlich zwingt man keine Kinder zum Schlafen – aber es ist auch nicht die Lösung, wenn man sie beim ersten Schreien oder Weinen sofort aus dem Schlafraum rausbringt. Erstens ist es unsere Aufgabe, zu erkennen, ob das Kind gerade wirklich leidet oder ob es quengelig ist, weil es schlichtweg bereits übermüdet ist. Außerdem müssen Kinder wie Leon zuerst einmal die Chance bekommen, diese andere Art von Einschlafen kennenzulernen – schließlich sind wir nicht Mama oder Papa, wir tragen ihn nicht herum, und es ist eine ganz andere Umgebung als zu Hause. Er muss die Chance bekommen zu erfahren, dass er auch hier in Sicherheit und mit unserer Begleitung schlafen kann.

Also saß ich neben dem brüllenden Leon auf dem Boden, hielt ihn im Arm und versuchte ihn durch liebevollen Zuspruch und beruhigende Berührungen zum Einschlafen zu bringen. Immer wieder fielen ihm während des Schreiens die Augen zu und sein Kopf zur Seite – er war eindeutig mehr als müde. Aber im Sitzen schläft es sich eben nicht so gut, denn jedes Mal, wenn sein Kopf fiel, wachte er wieder auf, und das Schreien ging von vorne los. Nun galt es, Ruhe zu bewahren. Ich hielt ihn in beiden Armen, und minutenlang rutschten wir zusammen Zentimeter für Zentimeter nach hinten Richtung Matratze. Leon im unruhigen Halbschlaf – und ich unter größter Anstrengung meiner kaum vorhandenen Bauchmuskeln. Gefühlt dauerte es ewig, aber irgendwann kam Leon mit seinem Rücken auf dem Bett an. Erleichtert atmete ich durch und jubelte innerlich. Geschafft! Nun musste ich nur noch heimlich, still und leise meine Arme unter ihm rausziehen. Unter höchster Vorsicht gelang auch das. Ab dem nächsten Tag lag Leon von alleine in seinem Bett und schlief.

Manchmal sind es diese kleinen, ruhigen Momente, die einem den Tag als Erzieherin versüßen. Es gibt eben auch für uns nichts Beruhigenderes, als wenn 20 glückliche Kinder endlich eingeschlafen sind. Wenn sie noch ein bisschen klebrig von Sonnencreme, Sand und Eis in ihren Betten liegen und beim Träumen ihren erlebnisreichen Vormittag verarbeiten.

Weil jedes Kind das Recht auf seinen eigenen Tod hat

… sagt Janusz Korczak, ein polnischer Arzt und Pädagoge. Alle Eltern jetzt so: WIE BITTE?! Ich kann mir eure Gesichter fast schon vorstellen, während ich das hier tippe. Denn genauso habe ich auch geschaut, als der Satz »Jedes Kind hat ein Recht auf seinen eigenen Tod« im Unterricht der Erzieher-Ausbildung an der Tafel stand. Ein sehr provokantes Statement. Aber es regt zum Nachdenken an und erfüllt damit seinen Zweck.

Dürfen wir unsere Kinder vor allem beschützen? Oder haben sie nicht sogar ein Recht darauf, auch Sachen auszuprobieren, die eben nicht ungefährlich oder total abgesichert sind? Nehmen wir unseren Kindern ein Stück Leben, wenn wir alles Risikoreiche verbieten? Niemand möchte, dass einem Kind etwas passiert. Gleichzeitig sollen Kinder aber Erfahrungen sammeln und die Welt entdecken dürfen. Wo ist der gesunde Mittelweg?

Inzwischen wird darüber diskutiert, ob Kinder in der Kita auf Bäume klettern dürfen oder nicht. Unvorstellbar, dass Kinder wie früher alleine durch umliegende Wiesen und Wälder ziehen. Stattdessen fährt man sein Kind mit dem Auto fast bis in den Klassensaal. Bildung to go, sozusagen. Damit Kinder sich mittags treffen können, reicht es nicht mehr aus, vor die Haustür zu gehen und mit den Nachbarskindern auf der Straße zu spielen. Wann sind die Kinder heute überhaupt einmal unbeobachtet? Wann sind sie frei? Wann dürfen sie etwas ausprobieren, ohne behütet zu sein?

Wie viel Kindheit nehmen wir unseren Kindern, aus Sorge um ihre Sicherheit?

8

PERSPEKTIVEN

Weil die Ausbildung wirklich gut ist

… wenn man die richtige Fachschule erwischt! Sorry, aber man kann nicht alle Fachschulen in ganz Deutschland miteinander gleichstellen. Da gibt es nun einmal Unterschiede. Herzlich willkommen im Föderalismus!

Obwohl es seit 2012 einen Entwurf für einen »Länderübergreifenden Lehrplan« der Erzieherausbildung gibt, kocht doch jedes Bundesland irgendwie sein eigenes Süppchen. Es gibt verschiedene Zugangsvoraussetzungen, und die Ausbildungsdauer variiert zwischen vier und fünf Jahren, unterschiedlich aufgeteilt in Vorbildung, Fachschulausbildung und Praxiszeit – je nachdem, welche Variante im jeweiligen Bundesland angeboten wird. Wobei es dabei auch darauf ankommt, was man von dem angegebenen Zeitraum wirklich zur Ausbildung zählt und was nur zu den Zugangsvoraussetzungen. Noch verwirrender wird das ganze System durch die neue, praxisintegrierte Form der Ausbildung, auch unter dualer oder berufsbegleitender Ausbildung bekannt.

Ich war nicht an jeder Fachschule dieses Landes und kann deswegen nur von meiner eigenen Ausbildung erzählen. Ich gehörte zum ersten Jahrgang, der in Bad Kreuznach die berufsbegleitende Teilzeitausbildung zur staatlich anerkannten Erzieherin durchlaufen hat. Ein Schulversuch in Rheinland-Pfalz. Drei Jahre lang verbrachten wir jede Woche zwei Tage in der Fachschule und erfüllten an den übrigen drei Tagen unseren Arbeitsvertrag mit mindestens 50 Prozent der Regelarbeitszeit (also mindestens 19,5 Wochenstunden) in einer sozialpädagogischen Einrichtung. Zusätzlich erbrachten wir zu Hause in jedem Modul sogenannte Selbstlernzeiten. Mit dem erfolgreichen Abschluss der Ausbildung erhält man gleichzeitig die Fachhochschulreife für Rheinland-Pfalz.

Die Qualität von Lernprozessen in der Erwachsenenbildung ist von verschiedenen Faktoren abhängig. Meiner Meinung nach vor allem auch davon, wie viel Einsatz man selbst bringt. Den großen Vorteil der berufsbegleitenden Ausbildung habe ich darin gefunden, dass ein ständiges Ineinandergreifen von Praxis und Theorie stattfindet.

Alles, was man in der Theorie lernt, kann man zeitnah in der Praxis anwenden. Gleichzeitig sorgt die eigene Erfahrung in der Praxis dafür, dass man in der Theorie andere Fragen stellen kann. Dazu kommt der Austausch mit Klassenkameraden, die ebenfalls ihre Erfahrungen aus der Praxis mitbringen. Außerdem ist die Ausbildung von Anfang an vergütet, im Gegensatz zu vielen anderen Modellen, bei denen Erzieher erst im letzten Jahr der Ausbildung bezahlt werden. Eindeutig ein Fortschritt!

Die größte Herausforderung in der Ausbildung ist wohl, akzeptieren zu lernen, dass Theorie und Praxis bedingt durch die Rahmenbedingungen zwei sehr verschiedene Dinge sind. Und damit muss man erst einmal klarkommen, ohne am eigenen Anspruch zugrunde zu gehen. Und dann muss man sich aufmachen, um die Rahmenbedingungen zu verändern.

Gegen Ende meiner Ausbildung saß ich morgens im Frühdienst mit einem fünfjährigen Mädchen am Maltisch. Während sie malte und ich etwas für den kommenden Tag vorbereitete, sprachen wir darüber, dass ich bald auch eine »richtige Erzieherin« sein werde. Mitten im Gespräch blickte sie mich streng an und sagte: »Lisa, da hast du jetzt aber wirklich lange dafür gebraucht!« Das kommt davon, wenn die Kinder nur die »klassischen Berufspraktikanten« kennen, die mit einem Jahr Berufspraktikum in der Kita ihre Ausbildung beenden.

So sehr ich auch von dieser Art der dualen Ausbildung – und im Besonderen von der Unterrichtsqualität der Lehrer in meiner ehemaligen Fachschule – überzeugt bin, bin ich doch ein Verfechter der Akademisierung unseres Berufsstandes.

Die große Frage lautet doch: Warum ist es so, dass die Personen, die Kinder betreuen, immer akademischer ausgebildet sind, je älter die zu betreuenden Kinder werden?

Zuerst gehen Kinder in die Kita, da arbeiten Erzieher mit einer Fachschulausbildung. In der Grundschule treffen Kinder dann auf studierte Grundschullehrer, wobei deren Studium auch noch kürzer ist als das der Lehrer, die danach am Gymnasium unterrichten. Später an der Uni lehren dann Professoren mit Doktortitel. Wir wissen aber aus der heutigen Hirnforschung und Entwicklungspsychologie, wie entscheidend gerade die ersten Lebensjahre für die Entwicklung unserer Kinder sind. In diesem Zusammenhang möchte ich auf den Text »Gehirnentwicklung im Kleinkindalter – Konsequenzen für die frühkindliche Bildung« von dem Pädagogen Martin R. Textor aufmerksam machen und einen Teil daraus zitieren:

»Aus der rasanten Entwicklung und enormen Plastizität der Gehirne von Kleinkindern ergeben sich die große Bedeutung und die vielfältigen Chancen der frühkindlichen Erziehung und Bildung. Erzieher/innen können das riesige Potenzial in Kindern wecken, deren Begabungen entdecken, die kindliche Entwicklung allseitig fördern, den Erwerb von Kenntnissen sowie die Ausbildung von Fähigkeiten und Fertigkeiten anleiten, bei negativen Einflüssen präventiv wirken sowie bei Entwicklungsverzögerungen und Behinderungen frühzeitig intervenieren. Diese Möglichkeiten bleiben aber vielfach ungenutzt. Dem Lebensalter, in dem die größte Lernkapazität und die besten Bildungschancen bestehen, wird seitens des Bildungssystems die wenigste Aufmerksamkeit geschenkt; die Erziehung der Kinder wird den am schlechtesten ausgebildeten Fachkräften überlassen; und selbst die Frage, ob Kindertageseinrichtungen überhaupt zum Bildungswesen gehören, ist nach wie vor strittig. Wie wir spätestens seit den Untersuchungen von Tietze (1998) wissen, sind die meisten Kindergärten von ihrer Qualität her mittelmäßig. Noch erschreckender ist aber sein Forschungsergebnis, dass Kinder in schlechten Kindergärten um ein Jahr in ihrer

Entwicklung hinter denen in guten Einrichtungen zurückbleiben. Deutlicher kann die Notwendigkeit einer qualitativ hochwertigen frühkindlichen Erziehung und Bildung gar nicht gemacht werden.«

Kein Wunder, dass man in fast allen Ländern der EU studierte Pädagogen im frühkindlichen Bereich arbeiten lässt. Deswegen: Gute Ausbildungen an Fachschulen reichen auf Dauer nicht. Wir brauchen studierte Erzieher. Das darf ich so sagen, weil ich selbst den Unterschied zwischen guter Ausbildung und Studium kenne. Ja, die Ausbildung ist gut – aber kommt schon, da geht doch noch was.

89. GRUND

Weil das Gehalt inzwischen gar nicht mehr so schlecht ist

Das Gehalt der Erzieher. Ein Thema, das in jeder Streikphase seinen Platz in den Medien findet. Und in unzähligen, teilweise sehr unqualifizierten Facebook-Kommentaren natürlich auch. Wenn man sich dann die vielen verschiedenen Angaben dazu ansieht, was Erzieher angeblich verdienen, bin ich häufig selbst so verwirrt darüber, was ich eigentlich verdiene, dass nur mein Kontoauszug noch die Wahrheit sagt. Deswegen Butter bei die Fische, unsere Gehälter sind ja kein Geheimnis, jeder kann sich das online ausrechnen lassen. Für unsere Beispielrechnung nehmen wir Anna, Berufseinsteigerin.

Anna tritt nach der Ausbildung eine Vollzeitstelle in einer kommunalen Kita an. Sie wird nach dem Tarifvertrag TVöD SuE (Tarifvertrag öffentlicher Dienst, Sozial- und Erziehungsdienst) eingruppiert in S8a, Stufe 1.

Sie hat Lohnsteuerklasse 1, zahlt Kirchensteuer und hat keine Kinderfreibeträge.

Brutto verdient Anna: 2.578,24 Euro. Netto verdient Anna: **1.661,12 Euro.**

Innerhalb der nächsten Jahre wird Anna nach und nach aufsteigen. Ausgehend von S8a Stufe 1 bis in die Stufe 6. Dort ist finanziell gesehen Endstation für Erzieher. Um Annas Beispiel in Zahlen weiterzuführen, lassen wir sie nun aufsteigen. Sie arbeitet:

Ein Jahr in Stufe 1, Drei Jahre in Stufe 2, Vier Jahre in Stufe 3, Vier Jahre in Stufe 4, Fünf Jahre in Stufe 5 und den Rest ihres Berufslebens in Stufe 6. Nach der Ausbildung und 17 Jahren im Beruf kommt Anna also in Stufe 6 an.

Dort verdient Anna brutto: 3.592,24 Euro. Und netto hat Anna dann: **2.150,58 Euro.**

Okay, klingt wirklich nicht mehr ganz so schlecht wie früher. Das klingt es aber nur nicht mehr, weil Gewerkschaften und Beschäftigte für diese Gehälter in der Vergangenheit gekämpft haben.

Und folgende Entwicklungen haben wir bei unserer Rechnung noch nicht beachtet: Anna ist eine Frau, das lässt einige weitere Variablen in die Rechnung einfließen.

◇ Wenn Anna heiratet, verändert sich ihre Steuerklasse, was Einfluss auf ihr monatliches Gehalt hat.

◇ Wenn Anna dann auch noch Kinder bekommt, wird sie danach sehr wahrscheinlich nicht mehr Vollzeit arbeiten können.

◇ Die Zeiten, in denen Anna mit ihren eigenen Kindern zu Hause bleibt, haben Einfluss auf ihren Aufstieg in den Stufen. Bekommt sie zwei Kinder und nimmt bei beiden jeweils zwei Jahre Elternzeit, pausiert ihr Aufstieg insgesamt vier Jahre.

◇ Und wenn Anna dann doch endlich in einer der höheren Stufen angekommen ist, dann darf sie ihren Arbeitgeber am besten nie wieder wechseln. Denn bei einem Arbeitgeberwechsel verliert man häufig seine bisherige Stufenlaufzeit. So kommt es, dass Kolleginnen mit über 20 Jahren Berufserfahrung plötzlich wieder bezahlt werden wie Anna ganz zu Anfang ihrer Laufbahn.

◇ Ja, Anna könnte aus der Kirche austreten und hätte damit jeden Monat netto mehr auf dem Konto. Dann kann sie aber bei keinem kirchlichen Träger mehr arbeiten, was die Jobauswahl schon merklich einschränkt. (Wenn Anna einen unbefristeten Vertrag und nichts mit der Kirche am Hut hat, wäre das trotzdem durchaus zu überdenken.)

Wenn man über Erziehergehälter diskutiert, dann kommt immer irgendjemand, der es besser weiß, mit einem dieser Argumente: »Aber andere verdienen noch weniger als ihr« – »Die ganzen Friseurinnen … und die stehen auch noch den ganzen Tag.« – »Und so viele Leute arbeiten im Schichtdienst.« – »Und die pendeln …« – »So viel Geld, nur für Basteln und Singen!« – »Die Krankenschwestern verdienen doch auch nicht mehr als ihr, und die machen nicht so einen Aufstand …«

Die Diskussion nervt einfach nur. Wenn ich das Gefühl habe, dass mein Gegenüber genügend ehrliches Interesse und Intelligenz besitzt, dann reagiere ich auf solche Sprüche. Bei allen anderen spare ich mir Zeit und Nerven …

Also erstens finde auch ich, dass Friseurinnen und Pflegekräfte viel zu wenig verdienen. Darüber müssen wir nicht diskutieren. Gefühlt kommt es mir auch so vor, als würden die Krankenschwestern weniger streiken als wir. Schade, die sollen sich doch trauen! Mehr verdient hätten die ganz sicher. Und ja, viele Menschen arbeiten zu Bedingungen, die nicht optimal sind. Und trotzdem: Warum wir mehr Geld und Anerkennung verdient haben? Müssen wir darüber ernsthaft immer wieder aufs Neue diskutieren? Das kann man in jedem Grund dieses Buches lesen. Okay, die Gründe mit Kuchen oder Crocs stehen dabei außen vor. Aber ansonsten sollte das doch jetzt wirklich deutlich geworden sein.

Weil man neue Erzieher anleiten kann

Hat man sich dann also entschieden, den schönsten Beruf der Welt zu lernen, hat die Ausbildung geschafft und danach bereits etwas Berufserfahrung gesammelt, ist man bereit für die nächste große Aufgabe: Berufspraktikantinnen anleiten! Je nach Ausbildungsform kann man eine zukünftige Erzieherin ein bis drei Jahre auf ihrem Weg zum Ausbildungsziel begleiten. Um diese Verantwortung übernehmen zu dürfen, muss man erst den Anleiterschein machen, dann kann es aber auch schon losgehen.

Man arbeitet zusammen mit der Azubine in einer Gruppe, begleitet sie dabei, ihre eigene Erzieherinnenpersönlichkeit auszubilden, reflektiert gemeinsam mit ihr über ihre Arbeit als Erzieherin und steht ihr bei Fragen zur Seite. Die Azubine führt in dieser Zeit auch ihr Abschlussprojekt in der Kita durch. Als Anleiterin ist man sozusagen ein Teil der Ausbildung, ohne dabei in einer Fachschule zu arbeiten.

Das Ganze ist ein wechselseitiger Prozess. Wenn es gut läuft, sind sowohl Azubine als auch Anleiterin fachlich fit. Dann können beide Seiten nur profitieren. Häufig bringen junge Kolleginnen frischen Wind und neue Impulse in eine Einrichtung. Das sollte man nutzen. Hilft auf Dauer gegen mögliche Betriebsblindheit.

Eine Azubine anzuleiten, bedeutet viel Verantwortung zu übernehmen. Sowohl der Azubine als auch der jeweiligen Fachschule gegenüber. Denn die Anleiterin bewertet die Azubine in der Praxis, schreibt ihr ein Zeugnis über ihre Ausbildungszeit und vergibt eine Note. Diese Note ist entscheidend für das Bestehen der Ausbildung. Zu oft hört man Geschichten von Anleitern, die ihren Azubis »doch noch eine 4 geben, weil sie ja niemandem Steine in den Weg legen wollen«. Man will schließlich niemandem etwas Böses. Ach so. Aber den Kindern unfähige Erzieher zumuten ist nichts Böses?

Wenn immer jeder noch irgendwie durchkommt, setzen wir das Niveau für unseren eigenen Beruf herunter.

Menschen, die für den Beruf nicht geeignet sind, die man den Kindern nicht zumuten kann und die man selbst nicht als Kollegin haben möchte, sollte man nicht einfach mit Note 4 durchwinken. Und die Fachschule verlässt sich schließlich auch darauf, dass die Noten aus der Praxis ansatzweise realistisch sind. Gut gemeint ist in diesem Fall nicht gut gemacht.

91. GRUND

Weil wir im Team arbeiten können – oder auch alleine

Ob man im Team arbeiten will oder lieber sein eigenes Ding macht, ist wohl eine persönliche Sache. Als Erzieherin stehen einem beide Möglichkeiten offen – und jede davon hat ihre Vor- und Nachteile.

In einer Kita erlebt man meistens zwei verschiedene Arten von Teamarbeit: einmal innerhalb der eigenen Gruppe und dann als großes Team mit allen Erziehern der kompletten Einrichtung. Man hat also immer Kollegen, mit denen man sich besprechen kann. Zum Beispiel bei Fallbesprechungen von verschiedenen Kindern oder zur Reflexion nach Elterngesprächen. Jeder bringt seine eigenen Talente und Fähigkeiten in das Team ein, man kann also bei der Arbeit mit den Kindern aus dem Vollen schöpfen. Verschiedene Ausbildungen und Wissensstände ergänzen sich dabei. Man hat immer jemanden an der Seite, von dem man einen Ratschlag bekommen kann. Man hat aber gleichzeitig auch immer jemanden an der Seite, der einem einen Ratschlag gibt, wenn man eigentlich gar keinen haben wollte. Es gibt manchmal Streit, Mobbing oder hinterhältige Intrigen. Man muss für faule Kollegen mitarbeiten, mit Schleimern klarkommen und sich auch von schlecht ausgebildeten

Leuten die Meinung anhören. Man muss permanent unglaublich viel kommunizieren sowie Absprachen und Kompromisse finden.

Wenn man als Erzieherin alleine arbeitet, zum Beispiel als Integrationskraft, dann darf man zwar deutlich mehr alleine entscheiden – jedoch muss man das dann eben auch. Denn es ist ja meistens niemand da, den man mal nach seiner fachlichen Meinung fragen könnte. Auch das ist also nicht unbedingt einfacher, als in einem Team zu arbeiten.

Grundsätzlich sollte einer Erzieherin die Arbeit im Team liegen, denn schließlich sollte man in diesem Beruf mit anderen Menschen zusammenarbeiten können. Egal ob mit Kindern, Familien oder Kollegen. Wer wirklich lieber ganz ohne andere Menschen arbeiten möchte, sollte sich beruflich eventuell lieber mit Steinen beschäftigen, als eine Ausbildung zur Erzieherin zu durchlaufen.

92. GRUND

Weil man Leitung werden kann

Raus aus dem Gruppendienst, rein ins Büro! Endlich ein Stuhl, auf dem ein erwachsener Hintern Platz hat. Und ein Tisch, der eine Höhe hat, mit der man als normal groß gewachsener Mensch etwas anfangen kann, ohne Rückenschmerzen zu bekommen. Wahnsinn! Man ahnt gar nicht, wie schön es ist, an einem normalen Tisch schreiben zu können. Das Leben als Riese in einer Zwergenwelt hat nun ein Ende. Keine Bausteine mehr unter den Füßen, die einen dazu bringen, ruckartige Luftsprünge zu machen. Aber halt mal. Das ist so seltsam still hier. Keiner ruft den Namen der Erzieherin. Also auch keine Kinder mehr? Oh! Diese Entscheidung will gut überlegt sein …

Unzählige wichtige Aufgaben warten auf dem Schreibtisch auf einen. Ein Team führen, Vorbild sein, Motivieren, die Gesamtverantwortung tragen. Alleine der Puffer sein, zwischen Team und Träger, an schwierigen Elterngesprächen teilnehmen. Entscheidungen treffen müssen. Manche davon mit dem Team und manche auch ohne die komplette Zustimmung des Teams. So viel Kommunikation. Mit Trägern, die selbst keine Pädagogen sind. Rechtfertigungen und immer mal wieder Kämpfen. Für mehr Freistellungsstunden der Leitung, für mehr Personal, für so vieles, was doch eigentlich selbstverständlich sein sollte. Alle Anforderungen erfüllen und gleichzeitig ein Team vorm Ausbrennen schützen. Chefin sein und damit nicht mehr Freundin oder Kollegin sein können. Der große Stuhl steht alleine, nicht zwischen den anderen. Und dann bei Personalmangel doch wieder selbst in der Gruppe sitzen, während sich die Arbeit auf dem Schreibtisch stapelt und das Telefon klingelt.

Ganz schön aufregend, anstrengend und so ganz anders als die reine Arbeit am Kind. Eine Möglichkeit, die man mit der Ausbildung zur Erzieherin (und gegebenenfalls den richtigen Weiterbildungen) ebenfalls nutzen kann.

93. GRUND

Weil wir einen sicheren Arbeitsplatz haben

Laut einer Bertelsmann-Studie fehlen bundesweit 107.000 vollzeitbeschäftigte Fachkräfte in Kitas und Krippen, um wertvolle pädagogische Arbeit umsetzen zu können. Das beschreibt nun natürlich nicht die wirkliche Anzahl von unbesetzten Stellen in Deutschland, sondern die Anzahl an Stellen, die man bräuchte, um in der Praxis einen angemesseneren Erzieher-Kind-Schlüssel zu erreichen. Aber auch die wirkliche Anzahl an offenen Stellen macht Hoffnung. Hoffnung auf einen sehr sicheren Arbeitsplatz.

Durch den Ausbau der Betreuungsplätze für U3-Kinder wurden viele neue Stellen geschaffen. Doch die konnten nicht alle besetzt werden. So versuchen inzwischen vor allem Großstädte, durch besonders gute Arbeitsbedingungen oder Vergünstigungen wie Busfahrkarten, Mitgliedschaften im Fitnessstudio und Ähnliches, mehr Erzieher einstellen zu können. Teilweise hat man auch gezielt Erzieherinnen aus dem Ausland angeworben, um die vielen offenen Stellen besetzen zu können. Natürlich variiert das Stellenangebot je nach Ort und Bundesland, doch wenn man nur ein wenig flexibel ist, dann ist es momentan keine Besonderheit mehr, wenn man direkt nach dem Abschluss der Ausbildung einen unbefristeten Vertrag unterschreiben darf. Viele Träger versuchen ihre Auszubildenden so auch weiterhin im eigenen Betrieb zu halten. Und plötzlich sind manche Träger auch für Gehaltsverhandlungen (bezüglich der Stufenlaufzeiten) offen, für die man früher im Allgemeinen nicht offen war.

Auch durch die Einführung der dualen Erzieherausbildung konnte man einige Stellen besetzen. Während meiner eigenen Ausbildung, welche drei Jahre dauerte, arbeitete ich pro Woche an drei Tagen für insgesamt 24 Wochenstunden in der Kita und besuchte an zwei Tagen pro Woche die Fachschule. Dabei hatte ich bereits einen festen Arbeitsvertrag mit Stunden aus dem normalen Personalschlüssel. Damit haben die Träger die Möglichkeit, ihre zukünftigen Erzieher bereits früher als bisher anzustellen.

Der Hauptgrund, warum dieser Job so sicher ist, ist vor allem folgender:

Es wird immer Kinder geben, und man kann eine Erzieherin einfach nicht durch eine Maschine ersetzen. Wer sich also jetzt einen unbefristeten Vertrag sichert, ist damit auf der sicheren Seite.

Weil es viele Möglichkeiten für Weiterbildungen gibt

Lebenslanges Lernen – das ist etwas, was inzwischen in den meisten Berufen vorausgesetzt wird. Auch eine Erzieherin ist nicht einfach ausgelernt für den Rest ihres Lebens, wenn sie ihre Ausbildung beendet hat. Denn gerade im Bereich der Pädagogik ergeben sich durch die Forschung immer wieder neue Ansichten und Informationen, welche den beruflichen Alltag von Erziehern beeinflussen.

Laut Bildungsurlaubsgesetz stehen uns fünf Tage Bildungsurlaub zu pro Jahr. Das Angebot bezüglich Fortbildungen und Weiterbildungen scheint fast unbegrenzt zu sein – auch wenn man nicht studieren möchte nach der Ausbildung. Die Angebote reichen von Psychomotorik über Zirkus- und Theaterpädagogik, Kinderschutz, Inklusionspädagogik, Medienerziehung im Elementarbereich, Philosophieren mit Kindern bis hin zur Ernährung in der Kita. Ebenso gibt es Weiterbildungen zur Spielpädagogin, Sprachförderkraft, Fachwirtin für Soziales, Fachkraft für Frühpädagogik oder zur Wald- und Naturerzieherin. Auch einzelne pädagogische Konzepte, wie Waldorf oder Montessori, bieten spezielle Weiterbildungen an.

Dabei gilt es zu beachten, dass sowohl einzelne Tage zu bestimmten Themengebieten angeboten werden – aber viele Weiterbildungen auch über einige Monate gehen, teilweise sogar über ein ganzes Jahr. Dabei müssen verschiedene Blöcke bzw. Module besucht und manchmal auch eine Abschlussarbeit geschrieben werden. Außerdem gibt es auch hausinterne Weiterbildungen, welche der jeweilige Träger für das komplette Team einer Einrichtung bucht.

In der Vergangenheit zeigte sich, dass es immer wieder Phasen gab, in denen Weiterbildungen für Erzieher total gefördert wurden

– und es dann plötzlich doch nicht mehr so gerne gesehen wurde, weil – mal wieder – der Haushalt etwas eng wurde.

Grundsätzlich denke ich, dass die persönliche Einstellung dazu am allerwichtigsten ist – wenn ich mich weiterbilden will und dazulernen will, um auf dem aktuellen Stand zu bleiben und mich selbst weiterzuentwickeln, dann mache ich das auch, egal wie die Rahmenbedingungen sind. Man liest sich in seiner Freizeit in viele Themen ein und tauscht sich mit anderen darüber aus. Auch für mein eigenes Studium reichen die fünf Tage Bildungsurlaub pro Jahr nicht aus – das bedeutet, dass ich mir Urlaub nehmen muss, um zur Hochschule zu fahren. Dabei kommt es natürlich auf den persönlichen Anspruch an sich selbst und die eigenen Prioritäten an. Man muss es eben wollen.

Grundsätzlich wäre es aber wünschenswert, gerecht und angemessen, wenn man während der Arbeitszeit wenigstens dazu kommen würde, sich mit beruflicher Literatur zu beschäftigen. Dafür bräuchten Erzieher deutlich mehr Verfügungszeiten – so wie sie Lehrer bereits ganz selbstverständlich haben.

95. GRUND

Weil die Akademisierung auch nach der Ausbildung noch viele Möglichkeiten bietet

Die Akademisierung der Erzieherausbildung in Deutschland wird schon seit Jahren heiß diskutiert – geändert hat sich aber grundlegend nicht viel.

Die Ausbildung zur Erzieherin findet noch immer an einer Fachschule statt und wurde nicht durch einen Studiengang ersetzt. Dabei ist die Akademisierung in anderen Ländern Europas ganz normal. Deutschland und Österreich sind fast die einzigen Länder der EU, in denen eine Erzieherin keine Hochschulausbildung durchläuft. Und das, obwohl so viele Argumente für die Akademisierung des Berufes sprechen.

Durch die Erkenntnis der hohen Bildungschancen im frühen Kindesalter wird die Forderung nach einer noch intensiveren theorie- und wissenschaftsgestützten Qualifikation für Erzieher immer lauter. Sozusagen eine Vertiefung der bisherigen Ausbildungsinhalte durch wissenschaftliche Grundlagen. Und damit eine Aufwertung der bisherigen Ausbildung. Auch den immer komplexer werdenden beruflichen Anforderungen wie zum Beispiel der Aufnahme von U3-Kindern, Sprachförderung oder Inklusion würde ein Studium noch mehr gerecht werden. Durch die Akademisierung könnte man den bisherigen Frauenberuf der Erzieherin endlich aufwerten und damit eventuell in Zukunft auch mehr männliche Kollegen in den Kitas antreffen. Gleichzeitig würde der deutsche Abschluss zur Erzieherin dann über die Ländergrenzen hinweg gleichgestellt sein mit den Abschlüssen der anderen Länder.

Wichtig wäre bei der Umsetzung der endgültigen Akademisierung des Erzieherberufes, dass neben dem steigenden wissenschaftlichen Niveau trotzdem ein enger Bezug zur beruflichen Praxis vorhanden ist. Wir wollen ja keine reinen Theoretiker auf die Kinder loslassen.

Inzwischen wurden einige Studienangebote geschaffen, die für ausgelernte Erzieher konzipiert wurden. Man bekommt also durch die Ausbildung zur Erzieherin das Fachabitur und kann damit an einer Hochschule studieren. Dabei kann außer einem Bachelorabschluss zum Beispiel auch der Abschluss zur staatlich anerkannten Sozialpädagogin erlangt werden. Neben einigen Bachelorstudiengängen zum Thema Kindheit oder auch Management werden auch verschiedene Masterstudiengänge angeboten.

Die Problematik mit diesen Studiengängen ist momentan leider noch, dass niemand genau weiß, auf welchen Stellen die fertig studierten Erzieherinnen arbeiten sollen. Denn Leitungsstellen sind natürlich seltener als normale Erzieherstellen. Wenn man bisher als normale Erzieherin angestellt war und dann durch ein Studium den Bachelor und womöglich auch noch den Sozialpädagogen erworben hat, bedeutet das noch lange nicht, dass der jeweilige Arbeitgeber dann auch bereit ist, das Gehalt anzupassen. Schließlich hat er eine Erzieherin angestellt. Man sollte sich also schon während des Studiums Gedanken darum machen, wo man sich selbst danach beruflich sieht. Vor allem mit dem Abschluss als Sozialpädagogin stehen einem im sozialen Bereich noch einige weitere Türen offen.

96. GRUND

Weil es viele verschiedene Arbeitsbereiche gibt – nicht nur die Kita

Wenn Menschen das Wort »Erzieherin« hören, denken die meisten automatisch an eine Kindertagesstätte. Na ja, eher an einen Kindergarten. Und meistens heißt es dann auch nicht mehr Erzieherin – sondern Kindergärtnerin. Was für ein schrecklicher Begriff! Also, unser Beruf nennt sich »Staatlich anerkannte Erzieherin« und ganz sicher nicht Kindergärtnerin. Aber der grundsätzliche Gedanke an eine Kindertagesstätte ist natürlich nicht falsch, denn dort arbeiten nun mal wirklich die meisten Erzieher. Dabei wird jedoch oft vergessen, dass das eigentliche Berufsfeld einer Erzieherin deutlich größer und vielfältiger ist. Wer also im sozialen Bereich arbeiten möchte – aber eben nicht in einer Kita – der kann mit dieser Ausbildung auch in vielen anderen Bereichen erfolgreich Fuß fassen.

Denn außer in den Kindertagesstätten und Krippen findet man Erzieher auch in folgenden Arbeitsbereichen:

◇ In Schulen. Erzieher decken dort den Nachmittagsbereich durch das Anbieten von AGs ab, übernehmen die Hausaufgabenbetreuung oder unterstützen die Lehrkräfte im Unterricht.

◇ Im Hort. Erzieher betreuen dort Kinder am Nachmittag, nachdem die Schule zu Ende ist.

◇ Auch in verschiedenen Einrichtungen für Menschen mit Behinderungen werden für die pädagogische Arbeit Erzieher gebraucht.

◇ Inzwischen gibt es auch immer mehr Altenheime, die Erzieher einstellen, welche Angebote für die Bewohner planen und sich im Tagesablauf mit ihnen beschäftigen. Sozusagen eine Betreuung leisten, die über den pflegerischen Bereich hinausgeht.

◇ In verschiedenen Einrichtungen der Jugendhilfe arbeiten ebenfalls Erzieher. Egal ob in Wohngruppen für Kinder und Jugendliche, dem örtlichen Jugendtreff, dem Jugendzentrum oder im Heim.

◇ Manche Erzieher arbeiten als Integrationskräfte. Das bedeutet, dass sie für ein einzelnes Kind zuständig sind und dieses Kind in die Kita oder in die Schule begleiten und dort Fördermaßnahmen übernehmen, welche im normalen Alltag in der Kita oder in der Schule nicht möglich wären. Es zeigt sich in der Praxis inzwischen, dass auch Menschen als Integrationskräfte arbeiten, die keine pädagogische Ausbildung haben – der Sinn und die damit verbundene Qualität dahinter erklärt sich mir leider noch immer nicht.

◇ Auch in Kliniken können Erzieher arbeiten – um dort den Alltag mit den Bewohnern (zum Beispiel Essgestörte oder Suchtkranke) auf den einzelnen Stationen zu gestalten.

◇ Im Bereich der Flüchtlingshilfe werden ebenfalls neue Stellen für Erzieher geschaffen.

Die Arbeit einer Erzieherin kann also sehr unterschiedlich aussehen. Das hängt auch davon ab, in welchem Bundesland man arbeitet, da die unterschiedlichen Bundesländer verschiedene Einrichtungen und Betreuungsformen anbieten.

9

SUPERHELDEN

Weil Kinder uns fordern

Kinder testen unsere Grenzen. Sie loten aus, wie verlässlich, vertrauenswürdig und belastbar wir sind. Ob wir uns an unsere eigenen Ankündigungen halten. Sowohl an die positiven Versprechen als auch an die ernsten Vorwarnungen.

☺ Kinder fordern von uns, einfühlsam und geduldig zu sein. Geduldig, die individuelle Entwicklung jedes Kindes zu begleiten, ohne dabei zu drängeln.

☺ Kinder zwingen uns dazu, Situationen auszuhalten, in denen wir sie nicht beschützen können. Weil sie manche dieser Situationen brauchen. Und weil das Leben nun mal so spielt.

☺ Kinder spiegeln unser eigenes Verhalten, wiederholen unsere spontanen und unbedachten Aussagen. Sie zwingen uns zu Reflexion und Selbsterkenntnis.

☺ Kinder fordern uns vor allem, weil sie uns dazu zwingen, dass wir uns mit unserer eigenen Persönlichkeit und unserer eigenen Kindheit auseinandersetzen. Unser eigenes Menschsein, unsere Regeln und unsere Werte stehen ständig auf dem Prüfstand. Schwachstellen werden schonungslos aufgezeigt.

☺ Kinder fordern von uns, authentische und bessere Menschen zu werden. An jedem einzelnen Tag. Das treibt einen an manchen Tagen in den Wahnsinn. Aber das ist auch wahnsinnig schön.

Weil wir Multitasking auf höchstem Niveau beherrschen – wer das schafft, schafft alles!

Morgens um acht öffnet man schwer bepackt mit Fachbüchern, Laptop und Survival-Paket die Eingangstür der Kita – und augenblicklich geht es los. Die erste Mama hat eine Frage wegen der anstehenden Aufführung am Freitag, die nächste wundert sich, warum sie keine Kopie des aktuellen Elternbriefes am Platz ihres Kindes gefunden hat. Währenddessen schleift ein Papa seinen weinenden Sohn Henry hinter sich her – dem es wohlgemerkt eigentlich super geht in der Kita, aber ein kurzer und heftiger Aufstand gehört inzwischen leider fest zum morgendlichen Verabschiedungsritual. Also hat man schon das erste brüllende Kind auf dem Arm, bevor man selbst überhaupt die Jacke und die Straßenschuhe ausziehen konnte. So langsam wird es einem warm in den Winterkleidern, also beantwortet man schnellstmöglich die Fragen der Eltern, um sich dann voll beladen mit weinendem Kind auf dem Arm durch den Flur bis zur Erziehergarderobe zu kämpfen.

Auf dem Weg zum Gruppenraum – inzwischen kann der heulende Henry an der Hand laufen, statt getragen zu werden – sammelt man die restlichen Kinder der eigenen Gruppe ein und eröffnet dann mit ihnen den eigenen Gruppenraum. Man begrüßt die Kollegen, erfährt, wer heute alles krank ist, eine Fortbildung besucht oder zum Arzt musste, und ahnt dabei immer mehr, in welche Kategorie dieser Tag wohl fallen wird. Von »ganz normal« über »etwas chaotisch« bis hin zu »eigentlich fast nicht mehr machbar« ist alles dabei. Im schlimmsten Fall bedeutet das, dass man alleine in der Gruppe ist, weil einfach zu wenig Erzieher im Haus sind. Dann kann man nur darauf hoffen, dass der Tag mit den Kindern irgendwie harmonisch und ohne größere Zwischenfälle abläuft. Wenn das Schicksal es allerdings böse meint, dann muss natürlich genau an diesem Tag ein Kind Fieber bekommen, während ein anderes mitten in die Gruppe bricht. Haben sie schon mal ein zweijähriges Kind brechen gesehen? Die kündigen nicht an, dass sie brechen müssen. Und die rennen dazu auch nicht ins Bad. Die beugen sich dazu auch nicht nach vorne. Die öffnen dann einfach den Mund und brechen an sich selbst herunter. Natürlich während sie auf dem einzigen Teppich im ganzen Gruppenraum stehen. Wäre ja auch zu unspektakulär, einfach nur auf den PVC zu brechen. Während man dann das arme, kranke Kind beruhigt und sauber macht, die Eltern anruft und den Gruppenraum putzt, wollen die restlichen 24 Kinder natürlich trotzdem die Aufmerksamkeit, die ihnen zusteht. Und auch alle Windeln der Gruppe füllen sich nach und nach in regelmäßigen Abständen, um gewechselt zu werden.

Und trotz dieses Chaos weiß man von allen Kindern, ob sie schon gefrühstückt haben oder ob man sie noch ins Kinderrestaurant schicken muss. Ebenso wie die unterschiedlichen Abholzeiten der einzelnen Kinder, wer heute schlafen soll und wer nicht, wer zum warmen Mittagessen geht und wer schon 15 Minuten früher ins Bistro zum Essen gehen muss.

Zwischendrin tauscht man irgendwie noch die nötigsten Informationen mit den Kollegen aus, geht ans Telefon und versucht, irgendwie allen gerecht zu werden. Auf dem Heimweg fragt man sich dann, wie man den Tag eigentlich überlebt hat – aber irgendwie geht es immer. Und der nächste Tag wird dann meistens auch schon wieder besser.

Doch wer behauptet, dass pädagogische Qualität bei dieser Besetzung noch möglich ist, der sagt die Unwahrheit. Damit es in einer Kita wirklich rund läuft, müssen zumindest fast alle pädagogischen Fachkräfte da sein. Alles andere sind einfach nur Tage, die man irgendwie überbrückt. Da bleibt sicher keine Zeit mehr, um sich für eine Beobachtung hinzusetzen oder einigen Kindern wirklich in Ruhe ohne Unterbrechungen etwas vorzulesen. Und trotzdem gilt: Wer solche Tage schafft, der schafft auch alles andere.

Weil wir alles wiederfinden

Was Dinge betrifft, ist die Kita ein großes, schwarzes Loch. Sie schluckt Sachen, die bis gerade eben »ganz sicher noch da waren«, wie die Kinder sagen. Erzieher sind die dazugehörigen Zauberer. Wir zaubern alles wieder hervor, auch wenn es verloren scheint (und das eigentlich nicht unser Job ist).

Wir suchen Schuhe, Brotdosen, Trinkflaschen, Jacken, Kuscheltiere, Schnuller und so vieles mehr. Und wir finden sie, an den unmöglichsten Orten. Die Brotdose hat das falsche Kind in den falschen Rucksack gepackt. Die Trinkflasche hat man einfach stehen gelassen. Und im Augenwinkel haben wir beobachtet, wie Leon seine Hausschuhe heute mal in den Backofen der Kinderküche geräumt hat statt auf seinen Platz an der Garderobe. Die Gummistiefel stecken an den viel zu kleinen Füßen eines anderen Kindes, und die Straßenschuhe liegen zwei Gruppen weiter, weil irgendjemand damit Schuhweitwurf gespielt hat. Aber wer war das nur? Wir kennen die Sachen von 125 Kindern. Und wir geraten auch nicht in Panik, wenn Johannes aufgeregt zu uns gerannt kommt und schon von Weitem ruft: »Meine Schnecken, meine Schnecken sind weg! Alle beide.« – »Deine was?« – »Meine Schnecken aus meinem Fach.« – »Wie kommen denn Schnecken in dein Fach?« – »Ich hab die gesammelt. Die wohnen da drin. Jetzt sind die weg.«

Okay, hilft ja alles nichts, also ruhig bleiben und zwei Nacktschnecken im Gruppenraum suchen. Auch die werden sich schon wiederfinden. Immer schön der Schleimspur nach.

Weil wir Streitschlichter sind

Best of Kita-Streitthemen:

☺ »Der Tom macht immer unser Gebautes kaputt.«

☺ »Die lassen mich nicht mitspielen.«

☺ »Die Laura hat gesagt, ich bin ein Baby. Aber ich bin doch gar kein Baby.«

☺ »Oh, die hat auf mein Bild gemalt.«

☺ »Der Leon hat meine Schaufel über den Zaun geworfen!«

☺ »Die hat mir mein Auto abgenehmt.«

☺ »Die Sarah hat mich gehaut.«

☺ »Der hat Eierloch zu mir gesagt!«

☺ »Der hat mit Sand geworfen.«

☺ »Die haben mir den bösen Finger gezeigt.«

☺ »Die laufen uns immer hinterher, aber wir wollen das gar nicht.«

☺ »Die schaukeln jetzt schon ganz lange und ich gar nicht.« Das alles kombiniert mit Schubsen, Boxen, Schlagen, Schreien, Beißen, Weinen und An-den-Haaren-Ziehen. Und einem zweiten Kind, das hinterherläuft und ruft:

☺ »Aber ich hab schon Entschuldigung gesagt.«

☺ »Aber der hat mich auch …«

☺ »Aber der hat angefangen …«

☺ »Das war gar nicht mit Absicht.«

☺ »Aber mein Papa hat gesagt, ich soll zurückschlagen.«

Kräfte messen, Grenzen testen, sich durchsetzen, besser sein wollen als der andere, Anerkennung in der Gruppe erkämpfen – Streit gehört zum Leben dazu. Deswegen muss gelernt werden, wie man angemessen streiten kann. Wir müssen Kinder beschützen, aber wir müssen ihnen auch beibringen, Konflikte untereinander zu lösen. Ein gutes Erzieherauge erkennt vor allem eines: wann man Kindern

zutrauen kann, ihren Streit alleine zu klären und wann man als drit-
te, unbeteiligte Person vermitteln muss. Also an welcher Stelle wir
fragen müssen: »Was ist denn los bei euch?« – » Wer hat denn eine
Idee, wie könntet ihr jetzt beide weiterspielen?«

Regeln, die gemeinsam mit den Kindern erarbeitet wurden,
werden von den Kindern besser angenommen als Regeln, die nur
von den Erzieherinnen kommen. Man kann Streit als Anlass dafür
nehmen, sich gemeinsam Gedanken darüber zu machen, mit welchen Regeln alle Kinder der Gruppe besser spielen können, ohne
ganz schlimm streiten und weinen zu müssen. Und dazu gilt: What
happens in the Kita, stays in the Kita! Liebe Eltern, bitte nicht ein-
mischen in Kitastreitigkeiten, wir klären das schon.

Es gibt jedoch Grenzen für alles. Einzelne Kinder dürfen nicht
zum »schwarzen Schaf« werden, ständige Ausgrenzung oder sogar
Gewalt erfahren. Erzieher müssen aufmerksam und feinfühlig sein,
um alle Kinder zu schützen. Manche lassen sich schlagen und quä-
len, ohne einen Ton von sich zu geben. Alles gut versteckt in un-
einsehbaren Ecken.

101. GRUND

Weil wir gelernt haben, »Nein« zu sagen – auf dem leichten oder auf dem schwierigen Weg

Im sozialen Bereich gibt es ein weit verbreitetes Problem. Viele
Menschen glauben, nur weil man einen sozialen Beruf ausübt und
mit Kindern arbeitet, muss man sich automatisch permanent sozial
engagieren. Mit sozial engagieren meine ich in diesem Fall: frei-
willige unbezahlte Überstunden, Kuchen backen für den Förderverein, am Wochenende die Kita streichen, im Sommerurlaub täglich
die Blumen der Kita gießen, mit dem privaten Pkw regelmäßig für
die Kita einkaufen fahren und so weiter und so fort.

Natürlich ist es ein großes politisches Problem, dass im sozialen Bereich ständig das Geld knapp ist und man damit gezwungen ist zu improvisieren, aber es kann nicht die Lösung sein, dass alle Angestellten im sozialen Bereich ihren Beruf zu einem nicht enden wollenden Ehrenamt ausbauen. Wenn ich Sätze höre wie »Die Erzieher könnten ja auch mal Kuchen backen für den Kuchenverkauf vom Förderverein. Der kommt schließlich der Kita zugute«, könnte ich nur noch die Augen verdrehen. Muss denn die Verkäuferin bei ALDI auch in ihrer Freizeit Kuchen backen, damit dieser verkauft werden kann und die Einnahmen dann ALDI zugutekommen? Nein? Also, warum sollten wir das in der Kita dann tun? Seit wann sind Arbeitnehmer moralisch dazu verpflichtet, in ihrer Freizeit Geld zu verdienen, welches dann indirekt dem Arbeitgeber zugutekommt? Wir arbeiten hier. Wir erfüllen unsere Stundenanzahl mit Motivation, Leidenschaft und Engagement, aber dann haben auch wir Feierabend. Und dann engagieren wir uns privat in den Fördervereinen, die unsere Hobbys vertreten. Genau wie die Menschen in anderen Jobs auch. Und das haben wir auch verdient nach 40 Stunden am Kind.

Ich habe es mir mit den Jahren abgewöhnt, meine Elterngespräche zu Hause zu schreiben, die Fotos der Portfolios zu Hause vorzusortieren, sowie meinen Urlaub dazu zu nutzen, Filme von Kita-Festen zu schneiden und auf unzählige DVDs zu brennen. Denn irgendwann reicht es einfach. Vor allem, wenn es gesellschaftlich als selbstverständlich angesehen wird, dass man das in seiner Freizeit macht, nur weil man Erzieherin ist. Und genau das ist dann der Punkt, an dem man lernt, »Nein« zu sagen. Nicht weil man unmotiviert ist, sondern weil es ein Ende haben muss, dass soziale Berufe mit einem Helfersyndrom gleichgesetzt werden. Dieses Nein-Sagen ist nicht immer leicht, aber es ist wichtig, um sich selbst zu schützen und um ganz deutlich zu positionieren, dass wir pädagogische Fachkräfte sind, die ihren Beruf professionell ausüben. Wir sind keine freiwilligen Helfer, die sich ehrenamtlich engagieren. Die

Arbeit in der Kita ist unser Job und nicht unser privates Vergnügen. Das auch als Erzieherin selbst zu akzeptieren und wirklich umzusetzen kann anstrengend sein und Kraft kosten. Nicht grundlos gelten Erzieherinnen als Hochrisikogruppe für Burn-out. Wenn man sich dann nach einigen Jahren kaputt gearbeitet hat, weil man nie Nein sagen konnte, dann dankt einem dafür niemand. Stattdessen heißt es: »Ach, die Erzieherin ist schon wieder krank.« Es lohnt sich also nicht, sich selbst nie Freizeit zu gönnen nach dem Feierabend.

Genauso sinnfrei sind solche reizenden Sätze wie »Die Liebe der Kinder ist der Lohn für die Erzieher«. Nicht falsch verstehen, es ist wirklich ein wunderschöner und besonderer Teil dieses Berufes, dass wir von den Kindern (und Familien) so viel zurückbekommen. Aber wir bekommen ja nicht nur Liebe zurück, sondern auch benutzte Taschentücher, volle Windeln, Viren, Bakterien, Vorwürfe, Rückenschmerzen und Hörschäden. Außerdem konnte ich bisher nirgends meine Rechnungen mit »Liebe« bezahlen. Bisher wollte man an jeder Kasse mein Geld und keine Kinderbilder aus der Kita. Also Stopp mit diesen Aussagen. Erzieher sind wichtiges pädagogisches Fachpersonal, das die Kinder in ihrer bedeutendsten Lebensphase begleitet. Die Anerkennung dafür sollte man auch in Zahlen auf dem Kontoauszug sehen können.

102. GRUND

Weil es so schön ist, Tränen trocknen zu können

Kinder weinen meistens aus anderen Gründen als wir Erwachsenen. Zum Glück! Wenn Erwachsene weinen, dann meistens in wirklich schlimmen und ausweglosen Situationen. Wenn Kinder in der Kita weinen, dann eher aus relativ schnell vergänglichen Gründen – was natürlich auch das Trösten vereinfacht. Da kullern die Tränen bei kleineren Unfällen und Stürzen, die Schürfwunden und Kratzer mit sich bringen. Auch beim Streit zwischen Kindergartenfreunden geht es oft höchst emotional einher. Wenn sich beim Rollenspiel darum gestritten wird, wer nun die Mutter, den Vater oder das Baby spielt, kann das schon einmal zur bösen Drohung »Dann bist du nicht mehr mein Freund!« und den dazugehörigen Tränen führen. Auch wenn man die allerliebste Schaufel im Sandkasten nur für eine Sekunde zur Seite gelegt und ein anderes Kind diese dann genommen hat, ist das ein Grund, um komplett verzweifelt und unter Tränen zur Erzieherin zu laufen, um diese Ungerechtigkeit vorzubringen.

Dann wären da auch noch die etwas schlimmeren Krokodilstränen – die manchmal morgens geweint werden, wenn man Mama und Papa verabschieden muss, obwohl man heute doch viel lieber zu Hause geblieben wäre, als in den Kindergarten zu gehen. Vor allem montags oder nach den Ferien kullern viele von diesen Tränen – davon können die meisten Erzieher und Eltern ein Lied singen. In der Bringzeit am Morgen weinen dann auch mal mehrere Kinder gleichzeitig. Denn wenn der eine anfängt, fällt dem anderen ein, dass er das ja auch kann.

Manchmal weinen Kinder auch, weil sie sich erschrecken. Weil das Gewitter zu laut donnert, die Hexe im Märchenbuch zu gruselig aussieht oder weil sie einfach über sich selbst erschrecken. So wie die kleine Julia. Eines Morgens saß Julia zusammen mit mir am Frühstückstisch. Sie war gerade drei Jahre alt geworden und hatte seit einigen Tagen keine Windeln mehr an. Julia war ein schlaues und gesprächiges Mädchen. Sie erzählte mir gerade von ihrem Wochenende, als sie plötzlich aufsprang und rief: »Das Pipi war ganz schnell gekommen! Einfach so!«, während sie panisch an sich herunter schaute und ihre lila Hose betrachtete, die immer dunkler wurde. Und schon kullerten die ersten Tränen. So traurig war Julia, weil sie nicht gemerkt hatte, dass sie auf die Toilette muss.

Erzieher haben dann viele verschiedene Waffen im Kampf gegen die Tränen. Wir trösten, halten, tragen, kuscheln, helfen beim Klären von Konflikten und dem Verhandeln von Absprachen zwischen den Kindern, wir kühlen Wunden, kleben Pflaster und pusten über das ein oder andere Aua. Wir singen Lieder gegen den Schmerz, wie das Autschi-Kabautschi-Lied. Und bei ganz schlimmen Fällen von Vermissen schauen wir mit den Kindern die Portfolios an, in dem auch Bilder von Mama und Papa kleben. Oder wir malen und basteln mit dem Kind etwas, was es später beim Abholen Mama oder Papa schenken kann. Auch Geschichten vorlesen hilft in Kombination mit Kuscheln meistens gegen die Tränen. Manchmal braucht man dazu auch noch einen bestimmten Schnuller, ein Kuscheltier oder eine Kuscheldecke. Wir schenken Zuwendung, Vertrauen, Aufmerksamkeit und Zeit. Es ist wirklich ein schönes Gefühl, wenn man einem Kind die Traurigkeit nehmen kann und dann dabei zusieht, wie es bald wieder fröhlich spielt. Erzieher sind emotionale Tankstellen für Kinder, das zeigt sich gerade, wenn Kinder weinen.

Aber dann gibt es natürlich auch noch die Trotztränen – schreiend herausgedrückt aus den Augen, weil man mit dem Kopf durch die Wand will und es nicht akzeptieren kann, den eigenen Willen nicht zu bekommen. Das sind wohl die Tränen, die manchmal am anstrengendsten sind für uns Erzieher. Da muss man dann einfach durch.

103. GRUND

Weil wir Vorbilder sind

… in jeder Sekunde! Vorbild für ein Kind kann nur ein Mensch sein, zu dem das Kind in einer Beziehung steht. Es hilft nichts, von Kindern etwas zu verlangen, was wir Erwachsenen selbst nicht aufrichtig leben. Egal ob beim Essen, beim Sprechen mit anderen Menschen, beim Nutzen von Medien oder unseren Wertvorstellungen. Deswegen ist es nicht nur entscheidend, was Erzieher tun, sondern wie Erzieher wirklich sind. Sich jederzeit über die eigene Vorbildfunktion bewusst zu sein ist eine große Aufgabe, die bedingt, dass man sich selbst immer wieder fragt: Was lebe ich den Kindern vor?

> *»Erziehung besteht aus zwei Dingen:*
> *Beispiel und Liebe.«*
> FRIEDRICH FRÖBEL

> *»Auf Kinder wirkt das Vorbild,*
> *nicht die Kritik.«*
> HEINRICH THIERSCH

104. GRUND

Weil uns große Kinderaugen gespannt folgen

Für mich persönlich ist das eindeutig einer der schönsten Gründe für diesen Beruf. Man kann ihn wohl zu dem Bereich »Was Kinder uns im Alltag zurückgeben« zählen.

Kinder entdecken diese Welt gerade erst – deswegen sind sie noch viel begeisterungsfähiger für die vielen kleinen Dinge, als wir Erwachsene es sind. Die pädagogische Arbeit einer Erzieherin führt also eigentlich fast automatisch dazu, dass Kinder begeistert und erstaunt sind. Da werden die Augen und die Münder weit aufgerissen, wenn wir spannende Geschichten von tapferen Rittern, schönen Burgfräulein und feuerspuckenden Drachen erzählen.

Vor allem vor und bei Ausflügen steigt die Freude und Begeisterung der Kinder ins Unermessliche. Plötzlich sind alle Kinder total brav und hören aufs Wort – spüren sie doch genau, dass die Situation gerade eine besondere ist. Und natürlich will kaum ein Kind durch falsches Verhalten – wie das Weglaufen oder Quatschmachen an der Straße – riskieren, zum nächsten Ausflug nicht mehr mitgenommen zu werden. Also laufen alle Kinder ganz lieb mit ihren Erziehern mit und sind gespannt auf das, was kommt. Das gibt übrigens auch für Außenstehende immer ein sehr niedliches Bild ab: 25 Kinder, alle im gleichfarbigen Kita-T-Shirt gekleidet, Hand in Hand in Zweierreihen hintereinander, begleitet von Bollerwagen ziehenden Erzieherinnen – schließlich müssen ja auch die ganz kleinen Kinder sicher ans Ziel kommen, und mindestens 25 Trinkflaschen müssen ebenfalls transportiert werden. In dieser Karawane geht es dann los zum jeweiligen Ausflugsziel. So zum Beispiel auf den Wochenmarkt zum Gemüseeinkauf für die selbst gekochte Suppe. Da stehen sie dann, die 25 bravsten Kinder der Welt, und lauschen gespannt dem Verkäufer hinter dem Markstand. Dieser fragt die Kinder nach den Namen der verschiedenen Obst- und Gemüsesorten, und voller Aufregung rufen einige Kinder ihre Antworten – während andere die Antwort ganz leise und ehrfürchtig flüstern. Als Belohnung für eine richtige Antwort gibt es ein Stück vom frisch aufgeschnittenen Apfel – und alle strahlen über diesen kleinen Preis und das dazugehörige Lob. Da braucht es also doch keine teuren Geschenke und keine Technik, um Kinderaugen zum Leuchten zu bringen. Interesse, Wissen, Lob und ein Stückchen Apfel. So einfach ist das also. Gleiches passiert, wenn man mit Kindern auf den Bauernhof fährt, um zu sehen, wo die Milch wirklich herkommt, und um einmal auf einem echten Traktor zu sitzen. Da werden Kinderaugen ganz groß.

Weil wir persönlich wichtig sind für das einzelne Kind

Jeder Mensch ist in seinem Beruf ersetzbar. Wenn der eine es nicht mehr macht, dann macht es eben der nächste. Das ist der Lauf des Lebens. Aber ich wage zu behaupten, dass Erzieher vielleicht ein kleines bisschen schwerer zu ersetzen sind. Weil wir keine Maschinen bedienen oder Akten durcharbeiten. Wir sind die Bezugspersonen von kleinen Kindern, die sich auf uns verlassen. Klar, wir sind nicht Mama oder Papa. Da kommt niemand ran, und das ist auch gut so. Aber wir sind »ihre« Erzieher, in »ihrer« Kita. Damit sind wir ein wichtiger Teil ihres Lebens, Freund und Begleiter auf ihrer ganz individuellen Reise.

Vor allem als Eingewöhnungserzieherin eines Kindes bleibt man meistens noch sehr lange etwas Besonderes für das Kind. Der erste sichere Hafen in dieser großen Kita. Das hinterlässt Spuren. Man spürt es noch Jahre danach, selbst beim Abschied in die Schule.

Kinder können sich nur frei entfalten und in ihrem Spiel aufgehen, wenn sie sich dabei sicher genug fühlen. Bildung braucht Bindung. Deswegen sind wir wichtig, für jedes einzelne Kind.

Weil das Immunsystem besser wird als je zuvor

Zu Beginn der Kita-Zeit geht es den Erziehern nicht viel besser als den Kindern: Man versucht einfach, die Zeit zwischen den Erkältungen zu genießen, und hofft darauf, nicht so häufig zusätzlich noch irgendetwas mit Magen-Darm oder Bindehautentzündung zu bekommen. Ja, das erste Jahr ist wirklich hart. Wenn es richtig blöd läuft, dauert diese Phase auch noch deutlich länger als ein Jahr. Wie sollte es auch anders sein? Tom putzt seine Nase beim Weinen im Schal der Erzieherin ab, Nina übergibt sich auf dem Schoß ihrer Erzieherin, Julia niest einem ins Gesicht und damit auch in den geöffneten (!) Mund, weil man gerade vor ihr kniete, um ihre Schuhe zu binden. Da hat das Immunsystem alle Hände voll zu tun, und der Desinfektionsmittelverbrauch steigt sprunghaft an.

Und weil man gerade am Anfang ungern fehlen möchte und man als sozialer Mensch arbeitgeberfreundlich krank wird, liegt man auch in jedem Urlaub flach. Auf dem Flug in die Türkei dachte ich eine Stunde lang, dass irgendetwas in meinem Ohr gleich platzen wird. Ziemlich mies, wenn man so erkältet ist, dass man keinen Druckausgleich machen kann. Nachdem ich irgendwann gar nichts mehr hören konnte und die Schmerzen so stark waren, dass mir schon die Tränen über die Wangen liefen, wurde ich dann doch leicht panisch. Nach der Landung ging es langsam wieder. Dank Antibiotikum waren aber die Cocktails im All-inclusive-Urlaub tabu. Auf dem Weg nach Bali wurde ich dann schon im Flugzeug so krank, dass ich beim Umsteigen in Dubai erst die Apotheke leer gekauft und dann ernsthaft auf dem Boden im Flughafen geschlafen habe. Endlich auf Bali angekommen, durfte ich dort das Krankenhaus testen. Ganz, ganz Klasse.

Aber: Irgendwann wird es gut! Der Körper gewöhnt sich an die Killervirensuchtstation namens Kita. Problematisch bleibt das Ganze nur für den Partner zu Hause, denn dem bringt man öfter mal eine Portion Bakterien und Viren mit. Mein Partner plant heimlich schon lange, mit dem Ghost-Busters-Anzug durch die Kita zu laufen und ordentlich Desinfektionsmittel zu versprühen. Nette Vorstellung. Darf er aber nicht. Als er uns in der Kita in seiner Funktion als Journalist besuchen war, wollte er sich neben mich an den Maltisch setzen. Er zog sich einen Kinderstuhl heran, hielt plötzlich inne und fragte: »Kann ich mich da hinsetzen, oder war da irgendwann schon einmal Pipi?« – »Setz dich. Du bist im Kindergarten. Hier war fast überall schon einmal Pipi. Leb damit.«

Weil es viele verschiedene pädagogische Ansätze gibt

Im Dschungel der pädagogischen Ansätze kann jede Erzieherin ihre berufliche Heimat suchen und finden. Eine Vielzahl von Ausrichtungen und den unterschiedlichsten Trägern sorgt dafür, dass für jeden etwas dabei ist. Im Übrigen gilt das auch für alle Eltern, die auf der Suche nach »ihrer« Einrichtung sind. Da wären Montessori, Fröbel, Waldorf, Janusz Korczak, Emmi Pikler, die Psychoanalytische Pädagogik, Erlebnispädagogik, Reggio-Pädagogik, die Offene Arbeit, Waldkindergärten, der Situationsansatz und so weiter und so fort. Und dann noch all die Einrichtungen, die sich ihre Konzeption aus verschiedenen pädagogischen Richtungen gestrickt haben. Das alles wird getragen von den verschiedensten Trägern. Neben den öffentlichen Trägern wären da noch die freien Träger, zu denen Wohlfahrtsverbände (AWO, Diakonie, Caritas, …), privat gewerbliche Träger und privat gemeinnützige Träger zählen. Bei so vielen freien Stellen haben Erzieher die Qual der Wahl. Großstädte versuchen inzwischen sogar, mit besonderen Angeboten wie einer kostenlosen Mitgliedschaft im Fitnessstudio neue Erzieher zu locken.

Jedes pädagogische Handlungskonzept ist aufgebaut auf pädagogischen Überzeugungen. Diese können sehr unterschiedlich sein, viele überschneiden sich an einigen Stellen aber auch. Und vor allem werden sie mit der Zeit immer weiterentwickelt, neu umgesetzt, aus einem anderen Blickwinkel betrachtet. Vor 200 Jahren hatte man eine andere Meinung zum Thema Erziehung als heute. Und auch die heutigen Meinungen werden nicht für alle Zeit so stehen bleiben.

Vielleicht sagt man in der Zukunft »Mensch, was haben die für eine seltsame Pädagogik gelebt im Jahr 2017«, wer weiß?

Weil wir emotionale Tankstellen für Kinder sind

Wir geben kleinen Kinderohren das, was sie brauchen, um ihre Kraftreserven aufzutanken und gestärkt die Welt zu entdecken:
- ♡ liebevolle Worte
- ♡ Vertrauen in ihre Fähigkeiten
- ♡ Glaube an das Gute, an alle mitgebrachten Ressourcen
- ♡ Interesse an den Themen des Kindes
- ♡ Lob für alles Schöne und Gute
- ♡ Ermutigung, wenn der letzte Funke Mut noch fehlt
- ♡ Impulse, wenn sie nötig sind
- ♡ Ruhe, wenn die Welt zu laut ist
- ♡ Zeit, um alles selbstständig zu entdecken
- ♡ Trost, wenn sie traurig oder mutlos sind
- ♡ Grenzen, damit sie wissen, dass wir auf sie aufpassen
- ♡ unsere offenen Ohren, wenn sie diese brauchen
- ♡ Mitgefühl und Mitschmerz
- ♡ Zurückhaltung, ohne sie alleine zu lassen

Weil wir auch die Montage überstehen

Montagmorgen, sieben Uhr. Dieser Wochentag in Kombination mit dieser Uhrzeit ist wirklich nicht gerade angenehm. Mal ganz davon abgesehen, dass man selbst erst einmal aus dem Bett kriechen musste: Montags hat man häufig das Gefühl, dass die Kinder wieder auf »Werkseinstellungen« zurückgesetzt wurden und noch nie etwas von den Regeln in der Kita gehört haben. Die meisten Eltern werden diesen Zustand nachvollziehen können. Das ist in etwa so, wie wenn die Kinder nach drei Tagen bei den Großeltern wieder zurück nach Hause kommen. Da hat man dann erst mal so richtig Spaß. Plötzlich bekommt man auf jede noch so selbstverständliche Regel eine Antwort, die mit »Aber« beginnt. »Aber bei der Oma durften wir länger aufbleiben. Aber bei der Oma durften wir Süßigkeiten haben. Aber bei der Oma durften wir noch länger Fernsehen schauen. Aber aber aber …« So in etwa ist das montags in der Kita auch. Jedes der 25 Kinder in einer Gruppe hat in den letzten Tagen etwas anderes erlebt. Und dementsprechend gestaltet sich der Montagvormittag.

Hanna und Julian duellieren sich in den Kategorien 1) wer kennt die besten Schimpfwörter und 2) wer kann auch nach der Ermahnung der Erzieherin die besten Schimpfwörter so leise flüstern, dass die Erzieherin sie nicht hört. Fällt leider etwas auf, wenn man dabei permanent zur Erzieherin rüberschaut. Ups.

Paul hat heute Schwierigkeiten dabei, in die Kita zu kommen. Er hält sich am Bein seiner Mama fest und weint leise Tränen in sein Schnuffeltuch. Nur mit viel Überzeugungskunst und einer großen Portion Kuscheleinheiten auf dem Arm der Erzieherin schafft er es, seine Mama gehen zu lassen.

Tür-und-Angel-Gespräche, Bilder vom Fotografen rausgeben, Geld einsammeln, ans Telefon gehen, während der Rest der Gruppe am liebsten den Gruppenraum zerlegen würde, so wie Rockstars ihre Hotelzimmer. Der Lautstärkepegel ist unerträglich penetrant, die Ohren klingen, und man stellt die Existenz des Lärmschutzes an der Decke echt infrage.

Man merkt es einfach: Es ist Montag. Es liegen zwei Tage ohne Kita hinter den Kindern. Zwei Tage mit anderen Regeln. Da kann man schon mal vergessen, was man in der Kita einhalten muss. Das

Gedächtnis für Regeln ist bei Kindern manchmal eben eher so ein Kurzzeitgedächtnis. Ein wenig belastbarer Arbeitsspeicher.

Konsequenz und Ruhe sind gefragt. Und morgen ist ja auch schon wieder Dienstag. Das muss man sich nur oft genug sagen.

110. GRUND

Weil wir »einfach nur spielen«

Da ist es, das Vorurteil der Unwissenden, die Keule gegen jede am Kind orientierte Pädagogik. Grundsätzlich stimmt die Aussage, dass wir Erzieher spielen. Der fatale Fehler dieser Aussage liegt aber tiefer. Nämlich in dem Irrglauben, dass Spielen eine unwichtige Tätigkeit sei. Erkennt man jedoch, dass Kinder sich spielend die Welt aneignen und wir sie dabei im Spiel begleiten, muss man anerkennen, dass das Spiel die kindliche Form des Lernens ist.

Wenn dein Kind heute in der Kita »wieder einfach nur gespielt hat«, dann hat es dabei viel Neues und Spannendes über die Welt und sich selbst gelernt. Es ist im Spiel seinem natürlichen Entdeckerdrang nachgegangen, anstatt in seiner Lust am Lernen eingeschränkt und ausgebremst worden zu sein. Das kindliche Spiel ist kein Freizeitvergnügen. Es ist unentbehrlich für die Entwicklung unserer Kinder. Wie schade ist es, dass wir in einer Gesellschaft leben, in welcher es für Erwachsene anscheinend kaum vorstellbar ist, dass Lernen mit einer lustvollen, freudigen Tätigkeit zusammenhängt. Es geht auch nicht darum, den allgemeinen Förderwahn im Spiel zu verstecken. Nein, es geht um echte Begeisterung, Forscherdrang, Lebensfreude und Neugierde.

Also ja, wir spielen, denn wir könnten gar nichts Wertvolleres tun.

Weil wir ausgleichen, was die Rahmenbedingungen nicht leisten

Der Beruf einer Kita-Erzieherin wird durch vieles geprägt und beeinflusst, was eigentlich nicht sein sollte. Permanent ist kein Geld da, zu wenig Personal, unbesetzte Stellen, berufsbedingt viele Krankheitsfälle, allgemein zu wenig Zeit für die vielen, immer steigenden Anforderungen und vor allem kaum Vorbereitungszeit, um all das überhaupt zu bewerkstelligen. Und trotzdem läuft der Betrieb irgendwie. Weil sich alle dafür einsetzen. Weil wir ortsansässige Firmen anbetteln, uns bei Projekten zu unterstützen, alle uns angebotenen Ressourcen der Eltern ausschöpfen und selbst so viel mit einbringen.

Das ehrt den Einsatz der Erzieher und den der Eltern, die uns dabei helfen, das Unmögliche möglich zu machen – es sollte jedoch kein Grund für die Politik sein, sich darauf auszuruhen, dass es ja irgendwie läuft.

Ja, es läuft, weil wir uns alle den Hintern dafür aufreißen. Aber es könnte deutlich besser laufen für alle Beteiligten: Kinder, Eltern, Erzieher – wenn man endlich verstehen würde, dass Kinder unsere Zukunft sind. Ich träume von einer Zukunft, in der wir auch im frühkindlichen Bereich spüren können, dass wir in einem reichen Land leben und keine schlechten Rahmenbedingungen mehr kompensiert werden müssen.

Ich sage Danke ...

... bei der tollen Kindertagesstätte Knirps in Erfenbach für das schöne Praktikum bei euch, ohne welches ich sicher niemals Erzieherin geworden wäre.

Danke an »meine Kita« ... einen Ort, an den es mich immer wieder zurückzieht. Es ist nun schon 23 Jahre her, dass ich zum ersten Mal durch unsere Eingangstür gegangen bin. Damals im Alter von drei Jahren, an der Hand meiner Mama.

Inzwischen habe ich insgesamt acht Jahre meines Lebens in unserer Kita verbracht – drei als Kind, fünf als Erzieherin.

Danke, Sylvia, für meine Ausbildung mit dir als Anleitung und dafür, dass du eine Chefin bist, die mich immer darin unterstützt, »mehr« zu wollen.

Danke an meine Kolleginnen für euer Interesse, euren Zuspruch und jeden Zettel mit einem weiteren lustigen Kinderzitat, den ihr für mich gesammelt habt.

Danke an meine allerliebsten Hasenmädchen, dafür, dass wir zusammen das beste Team waren, das ich mir vorstellen kann.

Danke an meine Uni-Mädchen, die so manchen Text von mir gelesen haben.

Danke an Svenja, für die »Wie viele Zeichen hast Du?«-WhatsApp-Konversationen sowie die wertvollen Abende mit Wein und Lachen, wenn zwischen Hausbau, Arbeit, Studium, Buch und dem üblichen Chaos des Lebens fast alle Kräfte am Ende waren.

Danke an Biene, dafür, dass du dich für mich so tapfer durch das Manuskript gearbeitet hast.

Danke an Sebastian für die lebensnotwendige Dosis Schokolade in den richtigen Momenten.

Danke an meine Mama für deine Liebe und die Essenlieferungen direkt an meinen Schreibtisch, als es richtig stressig wurde. Danke dafür, dass du stolz auf mich bist und auch an mich glaubst, wenn ich es selbst gerade nicht kann.

Danke an dich und Nini, dafür dass ihr beim »finalen Brunch« so viel zugehört, mitgedacht und angeregt habt. Bis zum Mond und wieder zurück!

Quellenangaben

GRUND 1:
- www.plant-for-the-planet.org; Lindgren, A.: Deshalb brauchen Kinder Bücher. In: Oetinger Almanach 1977

GRUND 11:
- www.haus-der-kleinen-forscher.de/de/praxisanregungen/experimente-themen/mathematik/
- www.haus-der-kleinen-forscher.de/fileadmin/Redaktion/1_Forschen/Themen-Broschueren/Themenbroschuere_Zahlen__Zaehlen__Rechnen-_Mathematik_entdecken.pdf
- www.kindergartenpaedagogik.de/1625.html

GRUND 14:
- Grundlagenliteratur zum Thema Lernen mit allen Sinnen: Renate Zimmer (2012): Handbuch der Sinneswahrnehmung: Grundlagen einer ganzheitlichen Bildung und Erziehung; http://www.kita-beraterin.de/artikel_wiesiehstduaus.html, Copyright Montessori-Pierson Publishing Company

GRUND 18:
- www.rfh-koeln.de/sites/rfh_koelnDE/myzms/content/e380/e1184/e29466/e34095/e34098/20161121_BLIKK_Pressemitteilung_Aend_VJ_ger.pdf
- www.kindergesundheit-info.de/themen/medien/mediennutzung/medienerziehung/
- www.tagesspiegel.de/weltspiegel/hirnforscher-manfred-spitzer-kinder-lernen-besser-ohne-computer/965756.html

- www.mpfs.de/studien/minikim-studie/2014/
- www.innocenceindanger.de/elternerzieher-informationen/
- www.mikado-studie.de/index.php/101.htm#Online

GRUND 19:
- www.fitkid-aktion.de/service/medien.htmleID=dam_frontend_push&docID=1901

GRUND 22:
- www.knetfeder.de/kkp/malen.html

GRUND 23:
- www.kindergartenpaedagogik.de/1890.html

GRUND 25:
- Grundlegende Literatur zum Thema Bildungs- und Erziehungspartnerschaft: Martin R. Textor (2015): Bildungs- und Erziehungspartnerschaft in Kindertageseinrichtungen
- Xenia Roth (2010): Handbuch Bildungs- und Erziehungspartnerschaft. Zusammenarbeit mit Eltern in der Kita

GRUND 26:
- www.sueddeutsche.de/politik/schleckerfrauen-zu-erzieherinnen-ringelreihen-in-der-schlecker-kita-1.1376781
- Ko-Konstruktion: www.aba-fachverband.org/index.php?id=1058

GRUND 27:
- Jürgen Reyer: Geschichte frühpädagogischer Institutionen. Aus: Fried, Lilian / Roux, Susanna (2006)

(Hrsg.): Pädagogik der frühen Kindheit. Weinheim und Basel. S.268–280

GRUND 28:
- www.kindergartenpaedagogik.de/1951.html

GRUND 29:
- https://berufsbildendeschule.bildung-rp.de/fileadmin/user_upload/bbs/berufsbildendeschule.bildung-rp.de/Lehrplaene/Dokumente/Lehrplan_2010_11/FS_Erzieher_Lehrplan_Komplett.pdf

GRUND 30:
- Greving, Heinrich; Heidemann, Wilhelm H.: »Praxisfeld Heimerziehung, Lehrbuch für sozialpädagogische Berufe«, Köln, Bildungsverlag Eins GmbH 2011, S.67 ff

GRUND 31:
- www.basboettcher.de/?page=Die_Macht_der_Sprache

GRUND 33:
- Bildungs- und Erziehungsempfehlungen für Kindertagesstätten in Rheinland-Pfalz, S.105 ff. »Beobachtung«

GRUND 34:
- KOMPIK-beobachtungsbogen: www.kompik.de/kompik.html

GRUND 36:
- Hans-Joachim Leawen, Beate Andres, Eva Hédervàri-Heller (2011): Die ersten Tage – Ein Modell zur Eingewöhnung in Krippe und Tagespflege

GRUND 37:
- www.kindergartenpaedagogik.de/2180.html

GRUND 38:
- www.gesetze-im-internet.de/sgb_8/__8a.html

- www.kindervertreter.de/downloads/Pressekonferenz%2013.%20Juli%202017%20PKS%202016.pdf

GRUND 49:
- https://de.wikipedia.org/wiki/Partizipation
- www.kinderrechtskonvention.info/beruecksichtigung-der-meinung-des-kindes-3518/
- www.gesetze-im-internet.de/sgb_8/__9.html
- www.sozialgesetzbuch-sgb.de/sgbviii/22.html
- www.sozialgesetzbuch-sgb.de/sgbviii/45.html

GRUND 51:
- www.spiegel.de/lebenundlernen/job/kindergarten-statistisches-bundesamt-mehr-maenner-arbeiten-in-kitas-a-1144741.html

GRUND 53:
- www.bmel.de/DE/Tier/Nutztierhaltung/Schweine/schweine_node.html
- Bensel, J., Haug-Schnabel, G., unter Mitarbeit von Maier, M, Weber, S. (2012): 16 Länder – 16 Raumvorgaben. Föderalismus als Chance oder Risiko?, S.31–43. In: Haug-Schnabel, G., Wehrmann, I. (Hrsg.) Raum braucht das Kind. Anregende Lebenswelten für Krippe und Kindergarten. Verlag das netz, Weimar/Berlin

GRUND 60:
- www.gute zitate.com/zitat/134974
- www.zitate.net/maria-montessori-zitate; Copyright Montessori-Pierson Publishing Company
- www.montessori-bielefeld.de/zitate-der-maria-montessori; Copyright Montessori-Pierson Publishing Company

GRUND 65:
- Die Rechte der Kinder von logo!
einfach erklärt. Herausgegeben
vom Bundesministerium für Familie, Senioren, Frauen und Jugend«.
Bezugsstelle: www.bmfsfj.de
- www.gesetze-im-internet.de/
bgb/__1631.html

GRUND 79:
- www.zeit.de/2011/17/
Lachforschung

GRUND 85:
- Gedicht von Louis Malaguzzi (1985),
übersetzt von Annette Dreier. In: Dreier,
Annette (2010): Was tut der Wind,
wenn er nicht weht? Begegnungen mit
der Kleinkinderpädagogik in Reggio
Emilia. Cornelsen, Berlin, S.16 f.
- www.dialog-reggio.de
- Carola Behrend: Reggio-Pädagogik In:
Erzieherinnen + Erzieher.Professionelles
Handeln im sozialpädagogischen Berufsfeld. Band 1. S.294–299. Hrsg.: Silvia Gar-
tinger, Rolf Jannssen. Cornelsen 2015.

GRUND 87:
- www.draloisdengg.at/bilder/pdf/Die_
Rechte_der_Kinder_Janusz_Korczak.pdf
- www.spiegel.de/spiegel/spiegel-
wissen/d-79922538.html

GRUND 88:
- www.kreuznacherdiakonie.de/icc/
internet-de/nav/60b/60b012d8-ac31-
431c-6260-9a5011816850

- »Erzieherinnen und Erzieher.
Professionelles Handeln im sozialpädagogischen Berufsfeld. Band 1«,
Cornelsen Schulverlag, 2014, S. 88–91
- www.kindergartenpaedagogik.
de/779.html (Gehirnentwicklung im
Kleinkindalter – Konsequenzen
für die frühkindliche Bildung«
von Martin R. Textor)

GRUND 89:
- Gehaltsrechner Öffentlicher Dienst:
http://oeffentlicher-dienst.info/c/t/
rechner/tvoed/sue?id=tvoed-sue-
2017i&g=S_8a&s=1&zv=ZVK-Pfalz
&z=100&zulage=&stj=2017&stkl=1
&r=rp&zkf=0&kk=15.5%25
- Stufenlaufzeit : http://oeffentlicher-
dienst.info/tvoed/sue/stufen.html

GRUND 93:
- www.bertelsmann-stiftung.de/de/the-
men/aktuelle-meldungen/2016/juni/
kita-qualitaet-steigt-aber-unterschiede-
zwischen-den-laendern-bleiben-enorm/

GRUND 95:
- Interessante pro/contra Studie zum
Thema Akademisierung: Brigitte
Rudolph: Das Berufsbild der Erzie-
herinnen und Erzieher im Wan-
del – Zukunftsperspektiven zur
Ausbildung aus Sicht der Fachschul-
leitungen : www.weiterbildungs-
initiative.de/uploads/media/Studie_
Rudolph.pdf

LISA WEISBROD, geboren 1991 in Kaiserslautern, jobbte nach dem Abitur als Kinderanimateurin für einen Reiseveranstalter in Spanien. Zurück in Deutschland, folgte die duale Ausbildung zur staatlich anerkannten Erzieherin an der Fachschule »kreuznacher diakonie« – Abschlussnote 1,1. Lisa arbeitet in einer Kita und studiert berufsbegleitend »Frühkindliche Pädagogik« an der Hochschule Koblenz.

Lisa Weisbrod
»FRAU WEISBROD, DEIN POPO IST
ECHT ZU GROSS FÜR DEN STUHL!«
111 Gründe, Erzieherin zu sein

Mit Illustrationen von Jana Moskito

ISBN 978-3-86265-669-1

DER VERLAG
Schwarzkopf & Schwarzkopf Verlag GmbH
Kastanienallee 32, 10435 Berlin
Telefon: 030 – 44 33 63 00
Fax: 030 – 44 33 63 044

INTERNET | E-MAIL
www.schwarzkopf-schwarzkopf.de
www.facebook.com/schwarzkopfverlag
info@schwarzkopf-schwarzkopf.de